Sozialarbeit in der Stricher-Szene

Über die Situation von Strichern und mögliche
Handlungskonzepte am Beispiel von Stricherprojekten

von

Anne Fehlberg

Tectum Verlag
Marburg 2004

Fehlberg, Anne:
Sozialarbeit in der Stricher-Szene.
Über die Situation von Strichern und mögliche
Handlungskonzepte am Beispiel von Stricherprojekten.
/ von Anne Fehlberg
- Marburg : Tectum Verlag, 2004
ISBN 978-3-8288-8598-1

Tectum Verlag
Marburg 2004

Danksagung

Mein erster Dank gilt meinen beiden Professoren, Dr. Heinz Baumann und Dr. Reiner Lochmann, für die Begleitung und Ideenfindung der vorliegenden Arbeit.

Mein herzlichster Dank gilt Herrn Michael T. Wright, denn ohne seine Bereitschaft mir die (noch) unveröffentlichte Ausgabe seines Forschungsberichtes zur Verfügung zu stellen wäre ein wesentlicher Teil der Arbeit längst nicht so umfangreich ausgefallen und essentielle Aspekte in der sozialen Arbeit hätten weitgehend unberücksichtigt bleiben müssen..

Besonderen Dank gilt den Mitarbeitern der einzelnen Stricherprojekte, die durch ihre Angaben in der Fragebogenaktion mir die Möglichkeit gegeben haben, ihre Arbeit mit Strichern umfangreich darstellen zu können. Namentlich erwähnen möchte ich Wolfgang Werner von SUBWAY in Berlin und Matthias Carstens von LOOKS in Köln, die jederzeit ein offenes Ohr für mich hatten und mit ihren Anregungen auch zum Inhalt der Arbeit beigetragen haben. Weiterhin möchte ich der deutschen AIDS-Hilfe in Weimar und Berlin, vor allem Herrn Kolditz vom Versand, für die Weitergabe von Informationsmaterial danken.

Ein lieber Dank gilt meinen Freunden, Bekannten und meiner Familie für den Rückhalt, die aufmunternden Worte und dem Verständnis für verpatzte Geburtstage die in die Zeit des Schreibens gefallen sind. Vor allem Herrn Dr. Lehnert, ein Bekannter meiner Mutter der mich nicht einmal persönlich kennt, gilt ein besonders lieber Dank für die Unterstützung beim Korrekturlesen.

Mein wärmster Dank gilt meinem Freund und Lebenspartner Jens, der mit seinem freundlichen Wesen, seiner Wärme, Nähe und Liebe mir auch verdunkelte Tage hell erleuchtet und viel Zeit und Verständnis entgegen gebracht hat.

An dieser Stelle, doch nicht zuletzt, möchte ich mich bei meinen Eltern bedanken, die mich – obgleich aus der Ferne – stets liebevoll und unterstützend während der gesamtem Zeit begleitet haben.

Esslingen, November 2002

Geleitwort

„Engel und Freier als vertraute Feinde,
jeder tödlich vom anderen verwundet, den
anderen hassend, den anderen brauchend...
Wäre es möglich, das es zwischen beiden
Rollen keinen eigentlichen Unterschied gibt?
Ist das ein Teil dessen, was Jeremy zu sagen
versucht - daß der gemeinsame Nenner
Einsamkeit heißt? ...Eine flüchtige sexuelle
Gemeinschaft. Und dahinter die unendliche
Vereinsamung, die Entfremdung."

John Rechy

(aus: »Nacht in der Stadt«; München, Zürich: Droemer, Knaur; 1965 S. 384)

Inhalt

»*Lebenslage/Lebenswelt von Strichern als Grundlage
sozialwissenschaftlicher Untersuchungen*«

Aspekte, Sexuelle Identität der Stricher, Identitätsprobleme, Psychische Belastung durch doppelte Stigmatisierung */ Gewalt durch und gegen Stricher / Situation minderjähriger Stricher / Situation ausländischer Stricher / Zukunftsperspektiven von Strichern*

»Sozialarbeiterische Handlungskonzepte anhand von Stricherprojekten in Deutschland«

Allgemeine Merkmale und Ausrichtung der Stricherprojekte / Verbesserung der Lebensverhältnisse von Strichern auf drei Ebenen / Tätigkeitsfelder in der sozialen Arbeit mit Strichern: Streetwork, Anlaufstelle (Einzelfallhilfe; Beratung und Betreuung; Medizinische Versorgung), Multiplikatorenarbeit, Freizeitangebote */ Evaluation der Stricherprojekte in Deutschland:* Einführung, Quantitative Daten, Qualitative Analyse (Ansätze und Methoden; Ziele; Qualitätsmerkmale und Qualitätssicherung; Feststellung der Bedürfnisse von Strichern) */ Persönlichkeit und sexuelle Identität der Mitarbeiter*

ii

Abbildungs- und Tabellenverzeichnis

Seite

Abkürzungsverzeichnis

AufenthG/EWG	Aufenthaltsgesetz über die Einreise von Staatsangehörigen der Mitgliedstaaten der Europäischen Wirtschaftsgemeinschaft
AIDS	Acquired immune deficiency syndrome (Immunschwächekrankheit)
AuslG	Ausländergesetz
BGB	Bürgerliches Gesetzbuch
BSeuchG	Bundesseuchengesetz
BSHG	Durchführungsverordnung zum Ausländergesetz
DvI.	Druckvorlage
EGStGB	Einführungsgesetz zum Strafgesetzbuch
FA	Fragebogenaktion
HIV	Human immunodefiency virus (Infektion mit den Erregern von AIDS)
KJHG	Kinder- und Jugendhilfegesetz (SGB VIII)
OwiG	Ordnungswidrigkeitensgesetz
ProstG	Prostitutionsgesetz
SGB	Sozialgesetzbuch
STD	Sexual transmitted diseases (sexuell übertragbare Krankheiten)
StGB	Strafgesetzbuch

Fremdwortverzeichnis

A

Adoleszenz(phasen)	späterer Abschnitt des Jugendalters (Altersphasen)
Amorph	formlos, gestaltlos
Anal	auf den After bezüglich
Analverkehr, aktiver	hier: den Freier anal befriedigen
Analverkehr, passiver	hier: sich vom Freier anal befriedigen lassen

Androgen	hier: männliche Geschlechtsmerkmale hervorrufend
Antizipatorisch	bewußt vorweggenommen

D

Devianz	Abweichung (von der Norm; soziologisch)
Dialektische Totalität	hier: gedachter Zusammenhang aller Dinge der Gesellschaft
Diffamierung	Verleumdung, in seinem Ansehen herabsetzen
Disposition	Veranlagung
Dissozialität	Fehlverhalten (aufgrund bestimmten Fehlverhaltens nicht oder nur bedingt in der Lage, sich in die Gesellschaft einzuordnen; psychologisch)

E

Empathie	Bereitschaft und Fähigkeit, sich in die Einstellung anderer Menschen einzufühlen

F

Fellatio	das Lecken der männlichen Geschlechtsteile
Fellatio, aktive	hier: den Freier oral befriedigen
Fellatio, passive	hier: sich vom Freier oral befriedigen lassen
Funktional	bedingt

H

Heterogen	uneinheitlich, aus Ungleichartigem zusammengesetzt
Homophobie	krankhafte Angst vor und Abneigung gegen Homosexualität

I

Infantil	der kindlichen Entwicklungsstufe entsprechend (in der Entwicklung stehengeblieben)
Interaktion	aufeinander reagierend, wechselseitig in seinem Verhalten beeinflussen

K

Kantonieren	belegen
Konsolidierungsprozeß	Festigungsprozeß, Wandlungsprozeß
Konstatieren	feststellen, bemerken
Korrumpieren	moralisch verderben

M

Marginal man	Randpersönlichkeit; hier: ein Übergangszustand, in dem der Stricher der einen von zwei sozialen Gruppen oder Gesellschaftsformen nicht mehr ganz, der anderen noch nicht angehört
Masturbation	geschlechtliche Selbstbefriedigung
Mutuell(e) Onanie	gegenseitig (wechselseitige sexuelle Befriedigung)

P

Päderast	Homosexueller mit besonderes auf männliche Jugendliche gerichtetes Sexualempfinden
Pädophil	sexuelle Neigung Erwachsener zu Kindern oder Jugendlichen beiderlei Geschlechts
Pädos	zusammengefaßter Begriff für pädophil/ päderast empfindende Erwachsene
Proletarisch	wirtschaftlich abhängig
Promiskuität	Geschlechtsverkehr mit verschiedenen, häufig wechselnden Partnern

R

Rezession	hier: der Preisverfall durch das Überangebot an Strichern

S

Subsumieren	einordnen
Symbiotisch	Beziehungen die auf einem gegenseitigen Nutzen beruhen

W

Wichsen	hier: sexuelle Befriedigung mit der Hand

X

Xenophobie	Fremdenfeindlichkeit

EINFÜHRUNG

Sozialwissenschaftliche Forschungen, sowohl in der deutsch- wie auch der fremdsprachigen Literatur zum Thema »mann-männliche Prostitution«, favorisierten bis zum Ende der 60er Jahre Aspekte von sexueller Pathologie, medizinischer Abnormität und/oder juristischer Kriminalisierung (SCHICKEDANZ 1979, S. 17) und blieb somit den gesellschaftlichen Voraussetzungen gegenüber weitgehend blind. Individuelle und sozioökonomische Aspekte als Wechselwirkung blieben unberücksichtigt. Diese Sichtweisen haben tiefere Einblicke in die Bedingungen und Folgen männlicher Prostitution offenkundig verhindert (STALLBERG 1990, S. 20), führten jedoch nicht völlig in die Irre. Die kriminologische Perspektive beruhte auf der hohen Delinquenzbelastung des Strichjungen wie auch auf der Wahrscheinlichkeit des Einschlagens der kriminellen Karriere nach Ende der Prostitutionsepisode. Nach heutigem Kenntnisstand jedoch kommt dieser Weg nur für eine geringe Teilgruppe der männlichen Prostituierten in Betracht, nicht zuletzt durch Um- und Ausstiegshilfen, die durch bestehende Stricherprojekte vermittelt und erlernt werden können.

In den 70er Jahren begann in der Bundesrepublik die soziologische Strichjungenforschung (durchgeführt von SCHMIDT-RELENBERG et al. 1975; SCHICKEDANZ 1979) aus der Erkenntnis heraus, daß es kein brauchbares Material zum Thema der mann-männlichen Prostitution gibt. Die soziologischen Studien sehen einen engen Zusammenhang zwischen Sozialstruktur (sprich: Klassenverhältnissen) und der psychischen Verelendung zahlreicher Jugendlicher, zudem erfolgte eine kritische Analyse der herrschenden Sexualmoral.

Zunächst muß das Buch »*Strichjungen-Gespräche*« von SCHMIDT-RELENBERG, KÖRNER und PIEPER (1975) genannt werden. Sie führten in den Jahren 1969-1970 Interviews mit Strichjungen im Alter von 14 bis 21 Jahren in Hamburg durch, von denen 55 auswertbar schienen. Jedoch die Wahl ihrer Interviewpartner war einseitig, da die Gespräche in einem Durchgangsheim für Jugendliche, die von der Polizei aufgegriffen worden sowie in weiteren »Fürsorgeheimen«, durchgeführt wurden.

In der empirischen Untersuchung »*Homosexuelle Prostitution*« von SCHICKEDANZ (1979) wurden internationale Werke aus dem Zeitraum von über 70 Jahren berücksichtigt. Das Buch beinhaltet eine intensive Auseinandersetzung mit den bis zum Jahr 1979 vorliegenden Forschungsergebnissen. SCHICKEDANZ gewann sein Material durch eine eigene Feldforschung und nicht, so bei SCHMIDT-RELENBERG et al., aus Führungsberichten oder Akten von Institutionen. Seine Interviewpartner fand er in Frankfurt/Main am Hauptbahnhof, an öffentlichen Toiletten (Klappen) sowie in Stricherkneipen. Verwertet werden konnten 30 Interviews (15 mit Strichern, 15 mit Callboys[1]), die zwischen 1975 und 1977 durchgeführt wurden. Die Untersuchungen von SCHICKEDANZ und SCHMIDT-RELENBERG et al. belegen ihre Ergebnisse durch wirkungskräftige Zitate von Strichern aus (den geführten) Gesprächen, jedoch weisen die Studien eine gewisse Tendenz zur Einseitigkeit auf – zu stark wird die Klassengesellschaft für die vorhandenen Problemlagen der Stricher verantwortlich gemacht. Bei SCHICKEDANZ kann man fast von einer Romantisierung des Strichjungen sprechen, wenn er die Strichjungen als »anarchische Rebellen« sieht (SCHICKEDANZ 1979, S. 67), die durch ihr Verhalten gegen die gesellschaftlichen Verhältnisse protestieren.

Der Verdienst der Arbeiten von SCHMIDT-RELENBERG et al. und SCHICKEDANZ liegt darin, daß sie die gesellschaftlichen Hintergründe in den Blick heben und nicht an Diskreditierung, sondern an Erklärung und genauer Beschreibung interessiert sind. Faktisch untersucht werden vor allem die Sozialisationsgeschichte der befragten Strichjungen mit all ihren Defiziten und Problemen sowie die Interaktion im Milieu und das Selbstbild der Betroffenen.

Nach der Studie von SCHICKEDANZ vergingen viele Jahre in der das Thema »männliche Prostitution« wenig Aufmerksamkeit in der Öffentlichkeit

---

[1] zur Abgrenzung zwischen Stricher und Callboy siehe »*Definition des Themas*« unter *Einführung* dieser Arbeit

fand und ein Interesse an einer gründlichen wissenschaftlichen Forschung nicht bestand.

Literatur aus den letzten Jahren hat eine, schon eher, sozialpädagogische Sichtweise. Sie begreift das »Strichjungenphänomen« primär als Problem im Aufwachsen begriffener, abhängiger Jugendlicher (STALLBERG 1990, S. 21) und als Ausdruck sozialer Benachteiligung als Folge auch von Gewalterfahrungen. Sie verbindet die Prostitution mit anderen sozialen Problemen (Mißhandlung und Mißbrauch, Drogengebrauch, Obdachlosigkeit, materielle Not etc.) und benennt Ansatzpunkte und Strategien für öffentliche Interventionen. Die meisten Untersuchungen über (insbesondere jugendliche) Stricher sind aus dem fremdsprachigen Raum (USA) der 80er Jahre und wurden/werden im deutschen Sprachraum kaum wahrgenommen. Erst durch AIDS wurde die Diskussion wieder in Gang gesetzt, begründet durch die sozialpädagogische und psychosoziale Arbeit im AIDS-Bereich. Erste Projekte für Stricher (BASIS-Projekt Hamburg 1987; KISS Frankfurt 1990) und AIDS-Hilfen wurden ins Leben gerufen. Damit setzte auch das Interesse, sich wissenschaftlichen Auseinandersetzungen zu widmen, wieder ein.

Aus Deutschland ist die Schriftenreihe »*Strichjungen-Fakten zur männlichen Prostitution*«, herausgegeben 1990 von der Katholischen Sozialethischen Arbeitsstelle (wohlgemerkt eine kirchliche Einrichtung, die sich mit diesem Thema befaßt), eine umfangreiche Literatur, die unter anderem soziologische Beiträge von LAUTMANN und STALLBERG enthält, welche zwar nicht mit eigenen empirischen Beiträgen beteiligen, jedoch einen wertvollen Gesamteinblick in vorhandene Literatur liefern. Ein Beitrag des Psychologen MÖBIUS (ehemaliger Leiter des BASIS-Projekts in Hamburg) gibt einen umfassenden Einblick in die Stricher-Szene.

Von den Herausgebern BADER und LANG wurde 1991 ein eindrucksvolles Sachbuch mit dem Titel »*Stricher-Leben*« vorgelegt. Es ist zwar kein rein wissenschaftliches Werk, jedoch fand es sicher das breiteste Echo in der Öffentlichkeit. Es enthält neben Interviews mit Strichern und Freiern auch eine Publikation einer Streetworkerin und gibt authentische Einblicke in die Lebenswelt von Strichern. In diesem Buch werden differenzierte sozialarbeiterische Perspektiven beleuchtet, wie Jungenprostitution und Heimerziehung, Erfahrungen eines Arztes aus der Stricherszene; außerdem werden die rechtliche Situation von Strichern und Freiern sowie die Themen AIDS und sexueller Mißbrauch an Jungen berücksichtigt.

Aus der wissenschaftlichen Begleitforschung zum Modellprojekt »AIDS und Streetwork« publizierte SCHROTT-BEN REDJEB 1991 einen Artikel »*Stricher und ihre Kunden – Überblick über den Stand der Forschung*« als Erstveröffentlichung in der Zeitschrift »Streetcorner«. Der gesamte Forschungsbericht findet sich in GUSY et al. »*Aufsuchende Sozialarbeit in der AIDS-Prävention – das Streetworker-Modell*« von 1994. Er ist sehr prägnant und gut gegliedert. Die Autorin verarbeitet insbesondere Literatur aus dem anglo-amerikanischen Raum, wobei das Thema AIDS (sexuelle Praktiken und Kondomgebrauch) eine große Rolle spielt.

Ab Mitte der 90er Jahre ist ein zunehmendes internationales Interesse an der Verbesserung der Lebenslage von männlichen Prostituierten zu bemerken. Zu diesem Thema werden immer mehr wissenschaftliche Artikel veröffentlicht (WRIGHT *Dvl.* 2000, S. 69) und auf internationalen AIDS-Konferenzen präsentiert. Berücksichtigt werden vor allem Maßnahmen zur Prävention sexuell übertragbarer Krankheiten bei männlichen Prostituierten. In der »*Prozeßevaluierung der gesundheitsfördernden Arbeit der Stricherprojekte in Deutschland*«, die von WRIGHT 1999 in einer Studie im Auftrag der Deutschen AIDS-Hilfe e.V. durchgeführt wurde, liegt der Schwerpunkt der Evaluation nicht auf den Ergebnissen, sondern auf den Prozessen der tagtäglichen Arbeit innerhalb der Projekte, um berufliche Standards für die Stricherarbeit zu unterstützen und weiterzuentwickeln. Hierzu wurden fünf Stricherprojekte in Deutschland aufgesucht und Interviews mit 40 MitarbeiterInnen und 30 Strichern (qualitative Daten von 17 Strichern konnten verwendet werden) durchgeführt und qualitativ ausgewertet. Angewandt wurden fünf Erhebungsmethoden: Treffen mit den Entscheidungsträgern, Gruppengespräche, Interviews, Beobachtungen vor Ort sowie Dokumentationen und Statistiken. Ergänzend dazu dienten deutsch- und englischsprachige Fachliteratur zur Vorbereitung der Studie nach bisher gewonnenen wissenschaftlichen Erkenntnissen zum Phänomen männlicher Prostitution. Ziel der Untersuchung ist demnach nicht nur, Hintergrundinformationen zur männlichen Prostitution zu liefern, sondern auch und vor allem zur Entstehung, Organisation und Durchführung der Arbeit mit Strichern, „denn Gegenstand der Studie ist weder die Zielgruppe »männliche Prostitution« noch das Phänomen der Prostitution, sondern die Sozialarbeit in diesem Bereich" (WRIGHT *Dvl.* 2000, S. 5).

Dieser (noch) unveröffentlichte Forschungsbericht[2] liefert grundlegende und sehr bedeutsame Daten in der sozialen Arbeit mit Strichern. Materialien der Fachzeitschrift *»D.A.H. Aktuell«* der deutschen AIDS-Hilfe e.v. vom September 1992, in der zehn Artikel dem Schwerpunktthema »Stricher« gewidmet sind, blieben leider unzugänglich, da die Publikation 1996 eingestellt wurde und alle bis dahin veröffentlichten Texte unter »Verschluß« sind und auch nicht mehr in Bibliotheken zur Verfügung stehen (mündliche Aussage von Herrn Kolditz)[3]. Zur Recherche sind diese nur noch direkt bei der Berliner AIDS-Hilfe e.V. vor Ort einzusehen. Eine Bestätigung dafür, wie neu dieses Arbeitsfeld ist, war die Suche nach neuer wissenschaftlicher Literatur. Sie wurde dadurch erschwert, daß die meisten wissenschaftlichen Datenbanken noch keine Stichworte für männliche Prostitution enthalten. Die weitaus meisten Arbeiten zur Prostitution behandeln Probleme der weiblichen Prostituierten und/oder stehen im Zusammenhang mit Drogengebrauch und der Verbreitung von HIV. In der Literatur zur männlichen Prostitution bestehen nach wie vor viele Wissenslücken, bisherige Untersuchungen bieten unvollständige Informationen über die Welt der männlichen Prostitution.

Zunächst muß das Thema *»Lebenslage/Lebenswelt von Strichern als Grundlage sozialwissenschaftlicher Untersuchungen«* und *»Sozialarbeiterische Handlungskonzepte anhand von Stricherprojekten in Deutschland«* genauer definiert und gegenüber anderen Gebieten abgegrenzt werden.

Der Anspruch, die Lebenslage und die Lebenswelt von Strichern darzustellen, bedeutet, die beiden umfassenden Untersuchungen von SCHMIDT-RELENBERG/ KÄRNER/PIEPER (1975) und SCHICKEDANZ (1979) in einigen Punkten zu ergänzen. Dies scheint notwendig, denn bestimmte Probleme sind erst in den letzten Jahren massiv aufgetreten (z.B. AIDS, Obdachlosigkeit und die größere Zahl von ausländischen Strichern) oder wurden durch Publikationen, die aus der sozialarbeiterischen Praxis heraus

---

[2] Aus Gründen, die mir nicht bekannt sind, ist diese Studie bis heute (Stand Nov. 2002) noch nicht öffentlich zugänglich, da diese sich seit 2000 in Druck befindet. Nach persönlicher Kontaktaufnahme mit Michael T. Wright wurde mir freundlicherweise die unveröffentlichte Ausgabe seiner Studie zur Verfügung gestellt, so daß die Möglichkeit bestand, seine Daten in der vorliegenden Arbeit verwenden zu können/dürfen.
[3] telefonische Auskunft von Herrn Kolditz (vom 30.07.2002), Leiter des Versandes der Deutschen AIDS-Hilfe Berlin

entstanden sind, bekannt gemacht (z.B. Suchtprobleme, Gewalt, minderjährige Stricher, sexueller Mißbrauch an Jungen).

Die umfassende sozialarbeiterische Perspektive dieser Arbeit berücksichtigt
sowohl psychologische (individuelle) wie auch soziologische (übergreifen-
de) Aspekte, die durch sozialmedizinische und juristische Überlegungen
ergänzt werden.

Um den Forschungsstand einzugrenzen, soll hier die Gruppe der Callboys
– abgesehen von wenigen Ausnahmen – unberücksichtigt bleiben. Die Arbeit der Callboys hat eher den Charakter eines gewählten Berufes, sie sind
durchschnittlich älter und sozial sowie finanziell etablierter als Stricher (dies
ist jedoch nicht die Regel). Ihr Lebensstil ist gekennzeichnet von einem gewissen Komfort und Zukunftsorientierung sowie besseren biographischen
Voraussetzungen. Callboys arbeiten eher selbständig unter geregelten Arbeitsbedingungen (WRIGHT *Dvl.* 2000, S. 7), die sie zum Teil selbst
bestimmen, im Gegensatz zu Strichern, die auf der Straße oder an anderen
öffentlichen Orten anschaffen gehen. Zwar wird darauf hingewiesen, alle
Callboys hätten einmal als Stricher angefangen, doch gibt es in der Szene
eher nicht die Möglichkeit von »beruflichen Aufstiegschancen« im Sinne
einer Karriereleiter, ein Grund mehr der Gruppe der Callboys eine eigene
Arbeit zu widmen.

Ausgeklammert werden auch Themenbereiche, die zwar hin und wieder
angeschnitten werden, insgesamt jedoch den Rahmen dieser Arbeit spren-
gen würden; dies sind vor allem:
» der Bildungsstand und das politische Interesse der Stricher;
» das Thema der weiblichen Prostitution und ein Vergleich von männlicher
und weiblicher Prostitution;
» die Situation von Strichern im Ausland und das Problem des Sex-
Tourismus;
» männliche Prostitution im historischen Überblick.

Die vorliegende Arbeit unterteilt sich in zwei Bereiche, einerseits die Litera-
turarbeit (*sozialwissenschaftliche Untersuchungen*) und andererseits der
Praxisbezug (*sozialarbeiterische Handlungskonzepte*). Der wissenschaftli-

che Bezug[4] stützt sich in erster Linie auf Bücher, Aufsätze[5] und Erfahrungsberichte der Stricherprojekte zum Thema »Stricher« – Lebenswelt und Lebenslagen. Hierbei wird bevorzugt Literatur, die nach 1970 erschienen ist, verwendet. Werke vor 1970 werden wegen der Einseitigkeit (vom heutigen Stand der Forschung eher überalterte ideologische Sichtweisen) kaum oder gar nicht beachtet. Einen starken Einfluß auf die vorliegende Arbeit haben auch die *»Leitlinien für die soziale Arbeit mit Strichern«* (erarbeitet vom Arbeitskreis der deutschsprachigen Stricherprojekte – kurz AKSD, in Zusammenarbeit mit MICHAEL T. WRIGHT).

Neuere Fachliteratur, nach Beginn der 90er Jahre, nimmt einen starken Bezug auf fremdsprachige Literatur aus anglo-amerikanischen Untersuchungen und gibt Querverweise dazu. Aus diesen Gründen werden Autoren (weitgehend aus dem englischsprachigen Raum), die für die vorliegende Arbeit »nur« als Sekundär-Literatur zur Verfügung standen, im laufenden Text, mit Angabe der jeweiligen Quelle, durch ein Kapitälchen mit [SE] gekennzeichnet und im Literaturverzeichnis gesondert nach Primär-Autoren mit vollständigem Titel und Erscheinungsjahr aufgeführt. Das Gleiche trifft auf Literaturrecherchen aus dem Internet zu, welche mit dem Kapitälchen [IN] gekennzeichnet sind.

Als Grundlage für den Praxisbezug (*sozialarbeiterische Handlungskonzepte*) dient die Prozeßevaluierung von WRIGHT die im Jahr 1999 durchgeführt und durch aktuelle Ergebnisse aus der eigenen empirischen Erhebung ergänzt wurde, sowie die Leitlinien vom AKSD. Hierzu wurden eigenst Fragebögen erstellt (Ergebnisse sind in Form von Graphiken im Graphikanhang dieser Arbeit zu finden), die sich an die Prozeßevaluierung von WRIGHT anlehnt und an die einzelnen Einrichtungen verschickt wurden. Die Befragung richtete sich ausschließlich an die Mitarbeiter und auf das Projekt, Stricher und Kunden wurden nicht befragt (hauptsächlich aus Zeitgründen, begrenzter Rahmen der Arbeit).

Zur Vorbereitung dieser Arbeit wurde mir die Möglichkeit gegeben, im Stricherprojekt SUBWAY in Berlin zu hospitieren sowie an der Streetwork teilzunehmen. Gern wäre ich tiefer in die Atmosphäre der Sozialen Arbeit mit

---

[4] *Anmerkung:* Die vorliegende Arbeit ist überwiegend in der alten Rechtschreibung dokumentiert. Zitate nach der Rechtschreibreform 2000 wurden im Original übernommen, dadurch entstehen Ungleichheiten in der Schreibweise.
[5] Sehr hilfreich als Grundlage zur Gestaltung und Aufbau dieser Arbeit war eine Diplomarbeit von MARKUS GUTFLEISCH aus dem Jahr 1994 (unveröffentlicht) – Themenschwerpunkte von ihm wurden von mir aufgegriffen und zeitspezifisch überarbeitet.

Strichern eingetaucht, doch aus Zeit- und Geldmangel war es mir nicht
möglich eine Feldforschung im größeren Rahmen (der Besuch der Projekte
und persönliche Gespräche mit den MitarbeiterInnen), als die der Fragebogenaktion (eigene Erhebung), durchzuführen.

Der Schwerpunkt dieser Arbeit liegt darin, weitgehend vorhandene Literatur
soweit zusammenzutragen, daß ein Gesamtbild über die Lebenslage und
Lebenswelt von Strichern entsteht. Berichte über die soziale Arbeit mit Strichern sind in der wissenschaftlichen Literatur kaum zu finden, was den An-
stoß gab, sozialarbeiterische Handlungskonzepte in Form von Gestaltung
und Durchführung der Arbeit mit Strichern, anhand von deutschen Stricherprojekten systematisch zu beschreiben.

Definition zur männlichen Prostitution

„Mann-männliche Prostitution soll hier verstanden werden als das gelegentliche oder regelmäßige Angebot und der Verkauf sexueller Dienstleistung(en) durch einen Jugendlichen oder erwachsenen Mann, der dafür Geld und/oder materielle Werte (Nahrungsmittel, Unterkunft, Kleidung) von einem anderen Mann erhält, die zu seinem Lebensunterhalt beitragen. Das Angebot erfolgt direkt/(halb)öffentlich an verschiedenen Orten (Straße, Bahnhof, Park, Bar) oder durch Werbung in Zeitungen und Zeitschriften."
(Gusy et al. 1994, S. 1088 f.)

I.

PROSTITUTIONS-MARKT

Der Prostitutionsmarkt der mann-männlichen Prostitution setzt sich in der Regel aus zwei Hauptgruppen zusammen (SCHICKEDANZ 1979, S. 79), wobei die eine als »Käufer« die andere als »Verkäufer« der Ware Sexualität in Erscheinung tritt. Die sogenannten Kunden oder Freier fungieren als »Käufer«, die Strichjungen beziehungsweise die Callboys als »Verkäufer«. Über die Ursache der Prostitution gibt es verschiedene Theorien. In der modernen Soziologie wird der Prostitution die Rolle einer »Ventilinstitution« eingeräumt (BECKER et al. 1997, S. 738)[6], sie hat damit eine aus den Normen der Gesellschaft abzuleitende Ausgleichsfunktion. In der industriellen Gesellschaft ist die Prostitution zum Teil eine wirtschaftlich begründete Erscheinung. Andererseits können Notzeiten, ungünstige Entwicklungsbedingungen und anderes die Vorraussetzungen für Prostitution schaffen. Die Prostitution (weibliche und männliche) wird überwiegend in angemieteten Absteigequartieren, Hotels, Saunen oder in Form von Lokal-, Auto- beziehungsweise Reise- und Straßenprostitution ausgeübt. Für die mann-männliche Prostitution kommt noch die nicht minder bedeutungswürdige Bahnhofsprostitution[7] hinzu. Hierbei erfolgt die schnelle sexuelle Interaktion zwischen Stricher und Freier überwiegend auf öffentlichen Bedürfnisanstal-

---

[6] Auffällig beim durcharbeiten dieses Artikels war, daß die gesamte Erläuterung zum Thema Prostitution hauptsächlich auf die weibliche Prostitution abzielt, sämtliche Hilfsangebote und Paragraphen in diesem Absatz beziehen sich auf das weibliche Geschlecht – männliche Prostitution wird gar nicht benannt.
[7] siehe hierzu: *»Die Stricher-Szene« Kapitel 2.4.* dieser Arbeit

ten (Klappen). Die Prostitution bietet sich auf der Straße, in Eros-Centers, Bars, Anknüpfungslokalen und anderen Orten der Vergnügungsindustrie sowie durch Annoncen an. Der Freier und der Stricher gehen eine Tausch- beziehung (Dienstleistung) ein, jedes der tauschenden Individuen sucht ei- nen sexuellen beziehungsweise wirtschaftlichen Nutzen zu erreichen. Sex und Geld stehen im Mittelpunkt der Interaktion zwischen Strichern und Freiern; „während das Geld dem Freier zum Sex verhilft, bedarf der Prosti- tuierte hingegen vor allem des Geldes, um sich reproduzieren zu können" (SCHICKEDANZ 1979, S. 79). In der Stricherszene finden sich Jungs[8] oder junge Erwachsene (Verkäufer), die Prostitution ausüben, um sich »über Wasser« zu halten. Die Prostitution ist dabei eher als Mittel zum Zweck des (Über-) Lebens zu betrachten. Stricher lassen sich mehr oder weniger in zwei Gruppen einteilen: Stricher ohne professionelles Bewußtsein (mei- stens Minderjährige, die sich selbst als heterosexuell definieren) und Stri- cher mit professionellem Bewußtsein (eher die Callboys und Jungs die of- fen zu ihrer Homosexualität stehen).

Zu den Strichern *ohne* professionelles Bewußtsein gehören:

» Jungs, die anschaffen, weil sie in bestimmten Notlagen sind
» Trebegänger (Jungs die auf »Reisen« sind und sich zeitlich begrenzt in
   nur einer Stadt aufhalten)
» Jungs, die auf der Suche nach ihrer sexuellen Identität sind
» Jungs, die im Coming-Out sind
» Jungs, die anschaffen und nebenbei oder gezielt Freier »abziehen«
» Jungs, die Mißbrauchserfahrungen kompensieren.

Zu den Strichern *mit* professionellem Bewußtsein gehören:

» Callboys mit eigenem Appartement
» Stricher, die in Bordellen anschaffen
» Stricher, die bewußt in Kneipen anschaffen, die ihren Marktwert
   kennen, die sich nicht unter Wert verkaufen; die anschaffen, um bestimmte langfristige Vorhaben zu finanzieren (Studium, Berufsausbildung und anderes), die klare Absprachen machen, die sich auf bestimmte Sexualpraktiken spezialisiert haben, die Prostitution als Beruf betrachten.

---

[8] Die Bezeichnung *Jungs* ist eine Selbstbezeichnung der Stricher in der Szene und soll in
der vorliegenden Arbeit benutzt werden, auch um andere Bereiche der Sozialarbeit (die
mit Jungen und Jugendlichen arbeiten) zu unterscheiden.

Die bisher vorliegenden Studien über männliche Prostitution beschäftigen sich im wesendlichen mit den Strichern[9], doch die Mitarbeiter von Stricher-Projekten sind mittlerweile sehr bemüht, auch die Gruppe der Freier[10] genauer zu untersuchen. Der Prostitutionsmarkt besteht, wie oben beschrieben, aus Verkäufer (Stricher) und Käufer (Freier). Die Freier sind für die Stricher wichtige Interaktionspartner, übernehmen zum Teil den »elterlichen Ersatz«, sind Vorbilder und oft Bezugspersonen, die das Leben der Stricher prägen können. In der Zeit von AIDS ist es um so wichtiger, auch die Freier in die Stricherarbeit mit einzubeziehen, um sie als Multiplikatoren[11] für die AIDS-Prävention zu gewinnen.

---

[9] siehe hierzu: *»Profil der Stricher« Kapitel 2.2.* dieser Arbeit
[10] siehe *»Profil der Freier« Kapitel 2.1.* dieser Arbeit
[11] siehe *»Multiplikatorenarbeit« Kapitel 6.3.3.* dieser Arbeit

II.
MÄNNLICHE PROSTITUTION ALS TEIL
DER HOMOSEXUELLEN SUBKULTUR

Unter Subkultur im allgemeinen ist eine relativ eigenständige Kultureinheit innerhalb der Gesamtgesellschaft zu verstehen. Die Subkultur tritt zum einen als Sonderkultur ethnischer und regionaler Gruppen (auch Minderheiten) auf und setzt sich dabei mehr oder minder weder positiv noch negativ in Bezug zu Normen der übergeordneten Kultur. Die Bestimmungsmomente der Subkultur werden in der neueren Jugendkulturforschung ergänzt und abgelöst von Merkmalen wie Lebensstil, Milieu, eigene Räume und Orte, Auffassung von Individualität und Entfaltung von Subjektivität (BECKER et al. 1997, S. 935). Viele subkulturelle Gruppen, wie zum Beispiel die der Homosexuellen, lassen sich sozial und politisch eindeutig zuordnen. Bei anderen Gruppen wiederum, wie die der männlichen Prostitution, ist eine Bezeichnung als »eigenständige« Subkultur so nicht anwendbar. Der Grund besteht darin, daß die Subkultur im eigentlichen Sinne Identität und Differenz schafft und somit »nach innen« verbindet und »nach außen« abgrenzt; dazu gehören Wiedererkennung von Stil, von Bedeutungen, symbolischen Objekten, Selbstbildern und Orientierungen. Die mann-männliche Prostitution, in diesem Fall die Stricher, ist eine heterogene Gruppe von Kindern (MÖBIUS 1990, S. 30), Jugendlichen und jungen Erwachsenen zwischen 10 und 25 Jahren. Gemeinsam ist ihnen, daß sie mehr oder weniger häufig anschaffen gehen. „Sie sind junge Menschen am Rand der Gesellschaft, die als ein gemeinsames Merkmal eine bestimmte Arbeitstätigkeit aufweisen, mit der sie ihren Lebensunterhalt verdienen" (WRIGHT *Dvl.* 2000, S. 8).

Die Prostitution nimmt höchstens im engeren Bereich der Homosexuellen-Subkultur einen einheitlichen Charakter an. Unter den Strichjungen selbst gibt es kaum eine Gruppenbildung, in der sich spezielle Normen und Verhaltensweisen sowie Zusammengehörigkeit entwickeln. Eher ist eine Isolation für Strichjungen charakteristisch. Die Beziehungen untereinander sowie zu anderen Gruppen in der Szene wie Barpersonal, Homosexuelle oder weiblichen Prostituierte, gehen kaum über die allgemein symbiotischen Beziehungen hinaus (SCHMIDT-RELENBERG et al. 1975, S. 148). Zu begründen ist dies wohl damit, daß die Strichjungen der zweifachen Diskriminierung ausgesetzt sind: als Menschen, die sich prostituieren und sich homosexuell verhalten, sowie mit den vielfältigen Konflikten, die sich für sie aus ihrer familiären Situation und ihrem Sozialisationsprozeß ableiten lassen. „Hieraus ergibt sich die Situation des Strichjungen als eine des Übergangs und bei ihnen selbst die geringe Neigung, eine entsprechende Subkultur zu bilden. (...) Der geringe Zusammenhalt zwischen den Strichjungen beruht möglicherweise darauf, daß viele Jungen die Prostitution nur vorübergehend oder nebenher betreiben" (SCHMIDT-RELENBERG et al. 1975, S. 149). In ihrer Untersuchung bezeichnen sich zwei Drittel der befragten Jungs als Einzelgänger und gehören keiner Gruppe oder einem festen Freundeskreis an. Sofern sie Freunde haben, sind diese in der Regel keine Strichjungen, meistens Jungen aus dem Heim oder der Nachbarschaft. Besonders bemerkenswert ist, daß die männliche Prostitution „eine Prostitution der Situation oder Gewohnheit [ist, d.Verf.]. Sie taucht in bestimmten Zusammenhängen als einzige Handlungsmöglichkeit, als die beste Lösung für ein Problem des Mangels auf und kann darüber hinaus zu einem festen Teil eines um bestimmte Orte und Aktivitäten kreisenden Lebensstil werden" (STALLBERG 1990, S.22).

2.1. PROFIL DER FREIER

2.1.1. Allgemeines

Bei fast allen Untersuchungen zum Thema »männliche Prostitution« wird deutlich (siehe SCHMIDT-RELENBERG et al. 1975; SCHICKEDANZ 1979), daß die Freier zwar zum Untersuchungsgegenstand gehören, nämlich als Partner der Interaktion in der Prostitution, jedoch beruhen die Ergebnisse häufig auf den subjektiven Aussagen der Stricher. Die Freier als solche möchten in der Öffentlichkeit anonym bleiben (SCHMID-RELENBERG et al. 1975, S. 159). Die bisherigen Forschungen stützen sich überwiegend auf das Verhalten und die Persönlichkeit von Strichern, jedoch stehen Stricher und Freier in wechselseitiger Interaktion – ohne Freier keine Stricher. Deshalb sollen hier auch Merkmale von Freiern untersucht werden.

Sieht man sich die Untersuchung von SCHMIDT-RELENBERG et al. (1975) an, läßt sich „angesichts des sehr jugendlichen Alters der Strichjungen (...) vermuten (...), daß die »Freier« vorwiegend pädophil sind" (a.o., S. 159). Die Gruppe der Pädophilen unterscheiden sich von anderen Homosexuellen deutlich durch ihren sozialen Hintergrund. Nach SCHOFILD[SE] (1965)[12] handelt es sich bei den Freiern um durchschnittlich ältere und sozial isolierte Individuen.[13] Über einzelne Persönlichkeitsmerkmale der Freier werden unterschiedliche Auffassungen vertreten.

(1) *Alter:*

Die Mehrzahl der Freier gehört zur Altersgruppe der 30–50jährigen (SCHICKEDANZ 1979, S. 90), die Altersspanne reicht von 25–70 Jahren (SCHMIDT-RELENBERG et al. 1975, S. 161).

(2) *Beruf, Schichtzugehörigkeit:*

Bei den bisherigen Forschungen sind die Ergebnisse unterschiedlich. Zum einen gehören die Freier männlicher Prostituierter ausschließlich der Mittelschicht an (z.B. Ärzte, Juristen, Studienräte, Pfarrer – SCHICKEDANZ 1979, S. 90), zum anderen stammen sie aus allen gesellschaftlichen Schichten, worunter auch Arbeiter sind (so bei HARRIS[SE] 1973 in:

---

[12] Schofild (1968) zitiert nach: Schmidt-Relenberg et al. (1975), S. 159
[13] siehe hierzu: *»Die Pädo-Szene« Kapitel 2.3* dieser Arbeit

SCHROTT-BEN REDJEB 1991, S. 18; sowie SCHMIDT-RELENBERG et al. 1975, S. 161).

(3) *Sexuelle Orientierung/Familienstand*:

Die meisten Freier sind, nach häufig vertretener Ansicht (SCHICKEDANZ 1979, S. 90; MÖBIUS 1990, S. 28; BADER/LANG 1991, S. 13; SCHWARZ 1993, S. 103-105), verheiratet. Sie sind teilweise bisexuell und leben ihre homosexuellen Bedürfnisse eher heimlich aus. Die Mehrheit der Homosexuellen bei DANNECKER/REICHE (1974, S. 130) lernte ihre Sexualpartner nie auf dem Strich kennen. Es waren lediglich 3% von 789 befragten Homosexuellen die in den letzten 12 Monaten vom Zeitpunkt der Befragung einmal einen Sexualpartner bezahlt hatten. Innerhalb einer Studie über männliche Prostitution, die 1992 vom spi-Berlin (Sozialpädagogisches Institut)[14] durchgeführt und vom Senat für Wissenschaft und Forschung gefördert wurde, wurden 29 Kunden männlicher Prostituierter befragt. Sie hatten damit das erste Mal die Möglichkeit, ihre Gründe in persönlichen und anonymen Gesprächen darzulegen und sich selbst öffentlich im wissenschaftlichen Bereich zu Wort zu melden. Die Ergebnisse dieser Freierstudie wurden unter anderem im QUERSTRICH (1992a, S. 18-21) veröffentlicht. Die Autoren (PANT/ SCHROTT-BEN REDJEB) unterscheiden zwei wesentliche Typen in bezug auf die Motivation der Freier. Der folgende Absatz, worin die Gruppen der Freier beschrieben werden, ist aus dem Artikel der Zeitschrift QUERSTRICH (1992a, S. 18-21) zusammengefaßt:

(1) *»Erster Freiertyp«*: Der Freier möchte schnellen, unkomplizierten Sex, ohne die Rituale der schwulen Szene durchlaufen zu müssen. Der Prostitutionskontakt wird dabei überwiegend als Geschäftsbeziehung gesehen, es geht um den Austausch von Sex und Geld. In dieser Gruppe finden sich z.B. Männer, die beruflich stark eingebunden sind und ihre sexuellen Bedürfnisse nicht nur in der schwulen Szene, sondern auch durch Prostitutionsbesuche befriedigen; Männern homosexueller Partnerbeziehung, die sexuelle Abwechslung oder spezielle Sexualpraktiken suchen, die in der Beziehung nicht gelebt werden (können); bisexuelle sowie nicht offen homosexuell lebende (zum Teil verheiratete) Männer, die ihre sexuellen Bedürfnisse vor ihrer sozialen Umwelt verstecken (müssen).

---

[14] In: querstrich (Internerquelle), - die Freier die sich auf die Anzeigen in der Presse meldeten und sich für ein Interview zur Verfügung stellten, waren zwischen 32 und 66 Jahre alt. Sie waren ledig, verheiratet, geschieden oder verwitwet; sie lebten allein oder in Partner- Beziehungen mit Männern oder Frauen und kamen aus allen gesellschaftlichen Schichten.

(2) *»Zweiter Typ«*: Der Freier ist auf der Suche nach einer Beziehung oder nutzt Prostitutionskontakte als Übergangslösung bis zur nächsten Partnerschaft. Der Prostitutionskontakt wird als Ausgangspunkt oder Versuch betrachtet, eine kurz- oder mittelfristige Beziehung aufzubauen, häufig mit der Absicht, die finanzielle Seite des Kontaktes sobald als möglich zu beenden und sie durch eine emotionale Bindung zu ersetzen. Die geschäftliche Komponente des Kontakts wird als unangenehm empfunden.

Während für den *»ersten Freiertyp«* mögliche Konflikte also aus dem Trennen von Sex/Liebe, Geschäft/Beziehung, Strich/Alltag, Homo-/Heterosexualität entstehen, resultieren sie beim *»zweiten Freiertyp«* genau aus dem Gegenteil – der Unfähigkeit zu trennen. Der Typ »Suche Liebe auf dem Strich« läßt sich nur scheinbar auf den geschäftlichen Charakter eines Dienstleistungsvertrages[15] mit dem Stricher ein. Bei ihm kommen immer auch die Begriffe Liebe, Zuwendung, Vertrauen und Freundschaft vor. Diese Männer bestehen mitunter geradezu auf der Unklarheit und Ungeklärtheit der Beziehung, um die Illusion einer nicht nur über das Geld geregelten Bindung möglichst lange aufrecht zu erhalten. Dieser Freiertyp wird besonders von jungen und sehr jungen Strichern angezogen; der Typ »väterlicher Freund und Gönner« oder »wohlmeinender Erzieher« ist hier häufiger anzutreffen als beim *»ersten Freiertyp«*. Neben Konflikten mit dem Sexualstrafrecht entstehen Probleme für diese Männer gerade aus der illusionären Verkennung der realen Beziehungsgrundlage beziehungsweise der tatsächlichen Bedürfnisse der Stricher. Enttäuschungen der Beziehungswünsche sind vorprogrammiert, und in größerem Ausmaß als der Typ »unkomplizierter Sex für Geld« machen sie sich verwundbar für Diebstahldelikte, Erpressungsversuche oder andere, gewaltsamere Reaktionen ihrer »Liebes-Objekte«.

2.1.2. Stammfreier

Stammfreier sind jene Kunden die eine relativ enge Beziehung zu Prostituierten aufnehmen, den selben Strichjungen in einem bestimmten Zeitraum mehrmals frequentieren und den Wunsch nach Nähe und Vertrautheit le-

---

[15] hierunter ist die Tauschbeziehung von »Sex gegen Geld« zu verstehen

ben. Sie haben in der Regel den Wunsch, relativ enge Beziehungen zu dem Prostituierten aufzunehmen (SCHICKEDANZ 1979, S. 89), und betrachten darüber hinaus häufig den Geschlechtsakt als zweitrangig. Nicht selten übernehmen Stammfreier eine Art Vaterrolle (Patenschaft), sie gewähren den Strichjungen (meistens den Minderjährigen) eine Unterkunft[16] und unterstützen sie sozial und emotional. MÖBIUS (1990, S. 36) schreibt zu den Stammfreiern, daß diese ihre homosexuellen Bedürfnisse nicht verstecken und intensiven Kontakt zu den Strichern suchen. Dem steht jedoch eine mündliche Aussage (eines Mitarbeiters[17] von SUBWAY) gegenüber, daß auch Stammfreier ihre Homosexualität sehr wohl versteckt leben; sie sind zum Teil verheiratet und leben nach Außen heterosexuell. Bei MÖBIUS (1990, S. 36f.) heißt es weiter, daß viele junge Stricher bei den Freiern Verständnis und Zuneigung finden, diese jedoch in einem für sie überwältigendem Maß. Die Wünsche des Freiers nach Partner, Geliebten und Kind (alles in einem) erdrücken den Stricher und lassen ihn nur kurze Zeit beim Freier aushalten. Die Erfahrungen der Stricherprojekte zeigen allerdings auch, daß diese Beziehungen durchaus länger anhalten können. Manche Strichjungen suchen genau diesen »Typ« Freier (W. Werner, mündliche Aussage eines SUBWAY-Mitarbeiters). Hierbei geht es jedoch im wesentlichen um die Motivation der Interaktionspartner, wenn diese Beziehung bestand haben soll. Wenn zum Beispiel ein emotionaler Freier Kontakte mit einem emotionalen Stricher eingeht, kann – da beide auf der Suche nach Verständnis und Zuneigung sind – die Sympathie andauern. Trifft jedoch der Freier – welcher einen »Liebespartner« sucht – auf einen professionell arbeitenden Stricher, kann die Beziehung eher nicht anhalten, da der Stricher von zuviel Wohlwollen seitens des Freiers »erdrückt« wird (dies kann ebenso umgekehrt zutreffen).

SCHICKEDANZ (1979, S. 89) charakterisiert die Freier folgendermaßen: „Die zahlenmäßig größte Gruppe der Freier (Kunden) stellen zweifellos die gelegentlichen »Käufer« dar, die sowohl bei den Strichjungen als auch bei den Call-Boys etwa 70 Prozent der Klientel ausmachen. Diese (...) Freier lassen ihrem Wunsch nach sexueller Abwechslung freie Bahn und gehen von daher nur in ganz seltenen Fällen unmittelbar aufeinanderfolgende Interaktionen mit dem gleichen Strichjungen oder Call-Boy ein." SCHMIDT-RELENBERG et al. (1975) beschreiben die unterschiedlichen Beziehungen

---

[16] siehe auch: »Obdachlosigkeit« Kapitel 4.1. dieser Arbeit
[17] aus einem Gespräch mit Wolfgang Werner (Dipl.Päd.) von Subway-berlin, im September 2002

der Stricher zu den Stammfreiern, indem sie die Jungs nach der eigenen sexuellen Identität unterscheiden. „Die homosexuellen Strichjungen betrachten ihren sympathischen Stammkunden in erster Linie als Sexualpartner und erst in zweiter Linie als Freund, Kumpel, Vater- oder Mutterersatz. Bei den heterosexuellen Strichjungen ist es umgekehrt: Für sie ist der Stammkunde der väterliche Freund oder der Kumpel, mit dem man alle Probleme erörtern kann, nichtsexuelle Kommunikation ist die vorherrschende Motivation für einen häufigeren Kontakt. Der Sexualverkehr wird dann eher dem Partner zuliebe vollzogen; er steht für den heterosexuellen Strichjungen nicht im Vordergrund" (SCHMIDT-RELEBNERG et al. 1975, S. 213).

2.2. PROFIL DER STRICHER

2.2.1. Allgemeines

Den »typischen« Stricher gibt es nicht. „Das Bild vom Jugendlichen oder jungerwachsenen Mann, der anschafft, setzt sich zusammen aus zahllosen Einzelpersönlichkeiten, die gerade mal gemeinsam haben, daß sie mehr oder weniger bereitwillig, mehr oder weniger geschickt und selbstbewußt sexuelle, vielleicht auch emotionale Dienstleistungen anbieten" (SCHMIDT 1993, S. 94). Eine weitere Gemeinsamkeit der Stricher ist das jugendliche Alter. Je jünger, desto erfolgreicher. Ab einem Alter von ungefähr 25 Jahren hat kaum noch ein Stricher eine Chance auf dem »freien Markt«. LANG[SE] (1986, S. 29)[18] sowie MÖBIUS (1990, S. 30f.) weisen darauf hin, daß Stricher in diesem Alter an Attraktivität verlieren und auf Grund der Marktsituation aus der Prostitution »herauswachsen«. Tabelle 1 (Eigene Darstellung) stellt die Altersstruktur der Stricher in einem Vergleich zweier deutschen Untersuchungen dar.

Das Durchschnittsalter der männlichen Prostituierten wird mit 19 Jahren (SCHICKEDANZ 1979; LANG[SE] 1989)[19] bzw. 21 Jahren angegeben, wobei

---

[18] *Lang (1989)* In: Gusy et al. (1994), S. 1091
[19] siehe Schickedanz (1979), S. 73; sowie eine Befragung von 25 Strichern in Hamburg von *Lang (1989, S. 25)* In: Gusy et al. (1994), S. 1091

das durchschnittliche Einstiegsalter auf ca. 15 Jahre (BASIS-Projekt 2000, S. 39) geschätzt wird.

Tabelle 1: Altersstruktur der Stricher

Alter	SCHICKEDANZ (1979, S. 72)[20]	BASIS-Projekt (2000, S. 29)[21]
unter 14 Jahre	keine Angaben	3,5%
14-16 Jahre	13%	18%
16-18 Jahre	33%	45%
über 18 Jahre	54%	57%
(n=Anzahl der Befragten)	n=15	n=143

Aus beiden Untersuchungen (dazwischen liegt eine Forschungsspanne von mehr als 21 Jahren) geht hervor, daß die Altersstruktur der männlichen Prostituierten sehr konstant verläuft, nämlich zwischen 15–28 Jahren (SCHICKEDANZ 1979, S. 73; BASIS-Projekt 2000, S. 39). Bisher fehlen noch neue empirische Studien in Deutschland, jedoch kann davon ausgegangen werden, daß das Durchschnittsalter der Stricher tendenziell sinkt. Die Angaben über das (durchschnittliche) Alter der männlichen Prostituierten unterscheiden sich in den verschiedenen Studien (SCHICKEDANZ 1979; LANG[SE] 1989; BASIS-Projekt 2000) und sind abhängig davon, wo, wie und mit welcher Zielsetzung die Befragung durchgeführt wurde. In diesem Zusammenhang scheint es sinnvoll, nach der Darstellung der Altersangaben der Stricher auch die Prostitutionsdauer darzustellen. Dazu zwei amerikanische Studien (LUCKENBILL[SE] 1986 u. BOYER[SE] 1986)[22] im Vergleich, die in Tabelle 2 (Eigene Darstellung) veranschaulicht werden.

Aus beiden Studien geht hervor, daß sich die Dauer der Prostitution auf wenige Jahre beschränkt, die Prostitution kann als vorübergehender »Zustand« beschrieben werden.

Die in der Literatur präsentierten Themen zur mann-männlichen Prostitution weisen verschiedene Merkmale auf, die eine vielfältige Typisierung zulassen.

---

[20] wobei hier die Gruppen der 20-28jährigen von mir (d.Verf.) zusammengefaßt wurden

[21] wobei die Zahlen sich nicht (eindeutig) nur auf die männlichen Prostituierten beziehen, sondern auf die allgemeine Frequentierung der Anlaufstelle für Straßenkinder und männliche Prostituierte in Hamburg

[22] siehe *Luckenbill (1986) u. Boyer (1986)* In: Gusy et al. (1994), S. 1092 sowie In: Schrott-Ben Redjeb (1991), S. 8 (die angegebenen Prozentzahlen dienen der Orientierung und sind nicht als feste statistische Werte anzunehmen)

Tabelle 2: Prostitutionsdauer der Stricher

LUCKENBILL[SE] (1986, 284)		BOYER[SE] (1986, 111)	
unter 2 Jahren	11%	unter 1 Jahr	17%
2- 4 Jahre	61%	1- 2 Jahre	23%
4-11 Jahre	29%	2 und mehr Jahre	28%
n=Anzahl	n=28		n=47

Eine genaue Zuordnung dieser wird jedoch dadurch erschwert, daß in den Untersuchungen überwiegend das Prostitutionsverhalten (zum Zeitpunkt der Befragung) wiedergegeben wird. Die Folgen sind: Querverbindungen, Überschneidungen, Gruppen und Untergruppen.

Die im folgenden dargestellten drei Kriterien zur Gruppenbildung wurden aus GUSY et al. (1994, S. 1089 ff.), dem Handbuch der Aufsuchenden Sozialarbeit, entnommen, zusammengefaßt und durch Verweise auf Studien anderer Autoren ergänzt.

Kriterien zur Gruppenbildung sind:

(1) *Orte, an denen die Prostitution angeboten wird; dazu zählen:*

» Straßenstricher, sie finden ihre Kunden an öffentlichen Orten wie Bahnhöfen, Klappen, Parks;

» Barstricher, in Discos und speziellen Kneipen;

» Callboys, telefonische Kontaktaufnahme durch Anzeigen und Agenturen

» Prostituierte, die Beziehungen über einen längeren Zeitraum mit ihrem Freier eingehen.

(2) *Motivation und Grad der Professionalität:*

» Prostituierte ohne professionelles Bewußtsein (Straßen- und Barstricher). Sie werden professionellen Prostituierten (Callboys) und den Gelegenheitsstrichern (die Prostitution nur als Nebenerwerb betreiben) sowie der Prostitution als Teil der kleinkriminellen Subkultur gegenübergestellt.

» Bei den Gründen für die Prostitution steht Geld[23] an erster Stelle, gefolgt von Sex sowie Spaß und Abenteuer[24]; weitere Gründe sind: die Suche nach Aufmerksamkeit und Geborgenheit, persönlicher und sozialer Ak-

---

[23] siehe Gusy et al. (1994), S.1097 – Studien belegen: *Weisberg (1985, S. 56): 87%; Earls&David (1989, S. 412): 88%; Allen (1980,S. 422)*
[24] ebd.: *Weisberg (1985, S. 56): Sex 27%, Spaß und Abenteuer 19%*

zeptanz, sexueller Identität und Kommunikation mit anderen Menschen.[25]

(3) *Sexuelle Identität:*[26]

»Nach der Selbsteinschätzung der Prostituierten unterteilen sie sich in hetero-, homo- und bisexuelle Männer.

2.2.2. Individueller Weg in die Prostitution

„In die Szene bin ich durch Kollegen reingekommen, da war ich dreizehn oder vierzehn. Ich hatte Krach mit meinen Eltern und bin abgehauen. Dann hatte ich kein Geld und tierisch Hunger; da sind wir zum Hauptbahnhof gefahren. Mein Kollege hat gesagt: Paß auf, da gibt´s Freier, die bezahlen dir 100 Mark, wenn du mitgehst und ihnen mal kurz einen runterwichst oder irgend was. - Dann bin ich natürlich mitgegangen und hab die 100 Mark gekriegt. Da hatte ich wieder Geld in der Tasche. Und so bin ich hängengeblieben" (BADER/LANG 1991, S. 127).[27]

Die vorhandene Literatur (sowie die Jahresberichte der deutschen Stricherprojekte) belegt deutlich, daß es sehr unterschiedliche Wege in die Prostitution gibt – jedoch eines wird immer wieder deutlich: Der erste Kontakt mit dem Strich erfolgt häufig durch Gleichaltrige, das heißt Mitbewohner im Jugendheim, Trebegänger und durch Ansprechen seitens älterer Männer an öffentlichen Plätzen wie Bahnhof, Kaufhäuser, Parks und andere Orte. Die Aussage von Jens (obiges Zitat) ist also kein Einzelfall. SCHICKDANZ (1979, S. 148) stellt fest: „Sämtliche Strichjungen mit Heimerfahrungen weisen in ihren Gesprächen unmißverständlich darauf hin, daß sie erstmalig auf Grund ihrer Erlebnisse in Fürsorgeheimen mit der Strichjungentätigkeit in Berührung gekommen seien und daß sie ferner bereits vor ihren praktischen Erfahrungen mit den Freiern gewußt hätten, *»wo und wie man´s*

---

[25] ebd.: *Allen (1980, S. 423-425); Coleman (1989, S. 139); Weisberg (1985, S. 56-58); Earls&David (1989, S. 412- 413, 416)* ; sowie Schickedanz (1979), S.162-167
Anmerkung: alle Autoren in Fußnoten 21-23 sind im Literaturverzeichnis unter Sekundär-Literatur aufgeführt

[26] siehe hierzu:*»Sexuelle Identität der Stricher« Kapitel 4.4.2.* dieser Arbeit

[27] Interview mit Jens (21Jahre), Heim- und Prostitutionserfahrung bevor er, wegen Förderung der Prostitution mit Minderjährigen, verhaftet wurde.

macht«.« Zwei Aussagen von Strichjungen die von SCHICKEDANZ (1979, S. 147f.) befragt wurden, bekräftigen seine Ergebnisse:

> *„Ja, sexuell hab ich das meiste in meiner Laufbahn im Heim erlebt. Also, wenn ein Junge nicht wollte, nahmen sie ihn einfach."*

> *„Ja und mit der Zeit kam ich dann langsam auf den Dreh, daß ich mit meinem Körper und mit meinem Schwanz und mit meinem Aussehen Geld machen kann. Und dann fing ich das so nach und nach an. Da blieb ich dann dabei. Immer wenn ich mal kein Moos hatte und so, hab ich mich daran erinnert, weil der* [ein Erzieher aus dem Heim] *mir im Umkleideraum 50 DM hingelegt hatte"* (SCHICKEDANZ, S. 162).

SCHICKEDANZ (1979) spricht in diesem Zusammenhang von Schlüsselerlebnissen, womit ausschließlich die frühen homosexuellen Kontakte gemeint sind, „in deren Verlauf die männlich-homosexuellen Prostituierten zum ersten Mal die Erfahrung machten, daß ihnen für ihre sexuellen Dienste Geld angeboten wird" (a.O., S. 145). Er geht davon aus, daß solche Erlebnisse eine große Bedeutung für das spätere prostitutive Verhalten haben können. Es ist jedoch wenig wahrscheinlich, daß ein einziges Erlebnis genügt, um später regelmäßig auf den Strich zu gehen. Vielmehr gibt es eine Reihe weiterer Gründe und Motive des Jungen (siehe *Motivation und Grad der Professionalität*, vorheriges Kapitel). In der Regel ist die Lage, in der sich der Prostituierte zum Zeitpunkt des Einstiegs befindet, geprägt durch materielle, finanzielle und/oder psychische Schwierigkeiten. Viele von ihnen erhoffen sich auf dem Strich emotionale und finanzielle Vorteile, die sie für einen gewissen Zeitraum wohl auch erlangen (solange sie dem Konkurrenzkampf- und Druck standhalten können).

2.3. DIE PÄDO-SZENE

In den Jahresberichten der einzelnen Stricherprojekte in Deutschland wird immer wieder auf die Kontakte zwischen Strichern und Pädophilen/Päderasten hingewiesen. Die Stricherprojekte SUBWAY (2000, S. 12f.) in Berlin sowie BASIS - Projekt (1999, S. 15) in Hamburg beschreiben die

Pädo-Szene als sehr schwer zugänglich für die soziale Arbeit, da Angehörige dieser Szene immer weiter abtauchen (in die Fänge der Pädos). Die Jungs erzählen wenig über ihre Kontakte zu diesen Männern, sie befürchten Bestrafungen. Die Stricher sind oft am Tage bei den Erwachsenen, teilweise übernachten sie auch dort. „Sie sind zwischen 12 und 16 Jahre alt. In den Einrichtungen der Jugendhilfe halten sie sich nur teilweise auf; meist pendeln sie zwischen ihren Einrichtungen und den Wohnungen der erwachsenen Männer hin und her. Einige haben diese Erwachsenenkontakte nicht nur in Hamburg, sondern auch in anderen Städten. Der Hauptbahnhof ist eine Möglichkeit der Kontaktaufnahme" (BASIS-Projekt 1999, S. 15 sowie 2000, S. 24). In Berlin, so kommentiert SUBWAY (2000), spielt die »offene Szene« einiger Stricherkneipen kaum noch eine Rolle in der Pädo-Szene. „Der Fokus liegt auf unterschiedlichen Treffpunkten, die von Pädos benutzt werden, um mit Jungs in Kontakt zu kommen. Hier spielen Kaufhäuser, Schwimmbäder und öffentliche Plätze, aber auch die U-Bahn und Kart-Bahnen eine immer größer werdende Rolle. (...) Oft setzen Pädos ältere Jungs (14jährige) ein, um den Kontakt zu »Frischfleisch« herzustellen" (SUBWAY 2000, S. 12f.).

Die sexuelle Orientierung hin zu Kindern ist gesellschaftlich geächtet und wird strafrechtlich[28] verfolgt. Der Freier steht unter massivem psychischen und sozialen Druck. Die Beziehung, die der Freier zum Stricher aufbaut (wie schon zu den *»Stammfreiern« in Kapitel 2.1.2.* beschrieben), ist oft zum Scheitern verurteilt. Immer wieder werden die Freier von ihnen verlassen und reagieren darauf mit Depressionen und Suizidalität oder lassen ihre Frustration am nächsten Stricher aus.

BANGE (1993) spricht das Thema »Päderasten« im Zusammenhang mit sexuellem Mißbrauch an Kindern und Jugendlichen an. Er sprach mit zwei pädophilen Männern, die in einer Jugendeinrichtung tätig waren. „Einer dieser Männer, der eine Selbsthilfegruppe für Pädophile gründen wollte, berichtete:

> *»Von den Päderasten, die ich kenne, waren 80% im pädagogischen Bereich tätig – entweder Pfarrer, Sozialarbeiter oder Lehrer«"* (BANGE 1993, S. 121).

Mit dieser Aussage wird wohl auch noch einmal die Untersuchung von SCHICKEDANZ (1979), in bezug auf die Schichtzugehörigkeit der Freier, wie schon in dem Kapitel zum *»Profil der Freier«* beschrieben, erhärtet.

---

[28] siehe hierzu: *»Rechtliche Situation von Strichern« Kapitel V.* dieser Arbeit

2.4. DIE STRICHER-SZENE

2.4.1. Allgemeines

Kunden und Stricher verständigen sich auf verschiedenen Ebenen (SCHICKEDANZ 1979, S. 167-172 sowie GUSY et al. 1994, S. 1103 f.) um einen Kontakt herzustellen und den Preis für sexuelle Dienstleistungen festzusetzen: Körpersignale und/oder verbale Kommunikation werden in der Regel nicht offensiv, sondern vorsichtig, indirekt und abwartend eingesetzt. SCHROTT-BEN REDJEB (1991, S. 20) bestätigt dies, in dem sie die Szene folgendermaßen beschreibt: „Die Orte der Anbahnung sind öffentlich und allgemein zugänglich (Bahnhöfe, Straßen, Plätze, Parks, öffentliche Toiletten/Klappen, Kneipen, Diskos, Spielhallen), den möglichen Kunden in jeder Stadt bekannt und durch ihre Belebtheit geeignet, um den Kontakt – für das ungeübte Auge ungesehen – aufzunehmen."

Freier aus der kommerziellen schwulen Subkultur besuchen eher Saunen und Pornokinos. „Ihr Besuch hat aber eine andere soziale und symbolische Bedeutung als der Besuch von Cafés, Kontaktläden oder Bars" (BOCHOW 2001, S. 31).

BOCHOW (2001) kommentiert weiterhin, und kantoniert damit die Aussagen der anderen Autoren (SCHICKEDANZ 1979; SCHROTT-BEN REDJEB 1991; GUSY et al. 1994), daß es hierbei eher darum geht, lediglich auf der Suche nach sexuellen Kontakten zu sein, ohne sich auf Formen der sozialen Interaktion (vor allem der verbalen) einzulassen. Die Männer, die sich auf den Besuch von Saunen, Pornokinos, Parks und öffentlichen Toiletten/Klappen beschränken, sind eher die verdeckt homosexuell Lebenden. Sie verbergen zu einem höheren Anteil ihre Homosexualität gegenüber heterosexuellen Personen. BOCHOW (2001) konstatiert weiterhin, daß nicht nur der Mangel der Annahme der eigenen Homosexualität ein Faktor für den selektiven Besuch derartiger Plätze, sondern auch das Lebensalter ein bedeutsamer Faktor sei. Besucher von Saunen, Klappen, Parks usw. seien wesentlich älter als diejenigen, die häufig in Cafés, Bars und Diskos gehen. „Während von den Besuchern der Szenekneipen, Cafés usw. 33 Prozent älter als 34 Jahre sind (8% sind älter als 44 Jahre), sind von jenen, die (...) sich auf Saunen, »Klappen« und Parks usw. beschränken, 68 Prozent über 34 Jahre alt (31% sind über 44 Jahre)" (BOCHOW 2001, S. 32).

Bei DANNECKER/REICHE (1974, S. 130) sind die Altersangaben von Homosexuellen, die gelegentlich Kontakte mit Strichjungen haben, ähnlich. Befragt wurden 789 Homosexuelle. Bei der Gruppe der Homosexuellen als gelegentliche Freier im Alter bis 30 Jahre liegt der Anteil bei 5 Prozent gegenüber der Altersgruppe bis 35 Jahre die mit 11 Prozent angegeben werden und steigt bei der Gruppe der bis 40jährigen auf 20 Prozent. Der Anteil der bis 50jährigen steigt auf 24 Prozent und derjenigen im Alter bis 65 Jahre sogar auf 44 Prozent. Bei ihrer Untersuchung muß jedoch die Zeitspanne der Altersangaben nicht nur gegenüber der Untersuchung von BOCHOW (2001), sondern auch innerhalb ihrer eigenen berücksichtigt werden. Die Altersspanne steigt bei den 30-40jährigen in Fünfer - Jahresstufen (30, 35, 40 Jahre). Bei den 40-50jährigen ist eine Zehner - Jahresstufe und bei den Angaben zu den 50-65jährigen sogar eine Fünfzehner – Jahresstufe zu beachten. (Inwieweit diese Abstufung authentisch ist, läßt sich im Rahmen dieser Arbeit nicht weiter erörtern).

SCHWARZ (1994, S. 103) beschreibt die Stricherszene als eine Prostitution die von einer hohen Fluktuation gekennzeichnet ist. Um als Stricher in der Szene attraktiv zu bleiben, wechseln die jungen Männer häufig zwischen verschiedenen Städten hin und her. Hinzu kommt eine große Dunkelziffer sehr junger Stricher, die in private »Freier-Zirkel« untertauchen.

SCHROTT-BEN REDJEB (1991, S. 20) konstatiert, daß Stricher mit dem ständigen Risiko leben, auffällig oder sanktioniert zu werden. Viele von ihnen seien Minderjährige, auf sie werde das Jugendschutzgesetz angewandt. Diese Gesetzesgrundlage[29] bildet die Basis für eine mögliche Observierung, Einschüchterung und auch Registrierung von Strichern und Kunden. Eine offene Zuhälterei kommt, im Gegensatz zur weiblichen Prostitution, in der Stricher-Szene (in Deutschland)[30] eher selten vor. SCHICKEDANZ (1979) vermutet dafür Geld und Männlichkeitsideologie als Gründe: Die „männlichen Prostituierten wollen begreiflicherweise ihr durch die Prostitution verdientes Geld nicht noch zusätzlich mit einem zweiten teilen müssen und sehen sich darüber hinaus anscheinend einer zusätzlichen Stigmatisierung ausgesetzt, wenn sie sich und anderen gegenüber eingestehen müssen, daß sie, um ihre Tätigkeit ordnungsgemäß durchfüh-

---

[29] siehe hierzu: *»Rechtliche Situation von Strichern« Kapitel 5.* dieser Arbeit.
[30] diese Abgrenzung wurde bewußt gewählt, da es in anderen Ländern abweichend sein kann – ausländische Studien wurden zu diesem Thema nicht bearbeitet

ren zu können, auf die Hilfe eines anderen Mannes angewiesen sind" (SCHICKEDANZ 1979, S. 156). Doch gibt es in der männlichen Prostitution eine Art verdeckte Zuhälterei: „Wirte, die den Strichern Räumlichkeiten zur Verfügung stellen mit der Auflage, einen gewissen Betrag pro Kunden abzuliefern, und Vermittler, die gegen eine Gebühr Freiern ein ständiges Angebot an jungen Strichern garantieren können" (BADER/LANG 1991, S. 14) sowie innerhalb der Szene unter den Jungs selbst. Bei MILLHAGEN (1986, S. 104) sagt ein Stricher im Interview:

> *„Ich saß da, und da kam so'n Ausländer an, so ein Schrank (...). Er sah aus wie 18, 19. Aber ich glaub, der war erst 15 oder so. Und dann meinte er: `Sieh zu, daß du dich hier verpißt vom Bahnhof, sonst könnt das tierisch derben Ärger geben.` Und nachher wurde das immer schlimmer. Mit den älteren Strichern haben sie das nie gemacht. (...) Und wenn der mich nachher nur sah, oder Kumpels von ihm, dann wollten die sofort Geld haben. Aber immer nur 'n paar Mark, nie sehr viel. Ich hab's ihnen auch immer gegeben, weil ich Angst hatte."*

In der Publikation von SCHWARZ (1993, S. 103), ein ehemaliger Mitarbeiter von SUBWAY, wird beschrieben, daß die Jungs die anschaffen, Jugendliche und junge Erwachsenen sind:

» die zur Schwulenszene gehören, obwohl viele Jungs sich über ihre sexuelle Identität noch nicht im klaren sind und der Anteil der verheirateten Freier bei über 60% liegt (wie auch schon unter dem *Kapitel 2.1.* zum *»Profil der Freier«* beschrieben);

» die Sex gegen Geld anbieten; zum großen Teil obdachlos sind; Suchtprobleme haben; sich auf strafrechtlich sanktioniertem Gebiet bewegen;

» die besonders gefährdet sind durch Krankheiten (vor allem HIV/AIDS);

» die in vielen Fällen mißbraucht wurden und werden.

2.4.2. Regionale Unterschiede

Bei der Beschreibung der Stricherszene auch die regionalen Gegebenheiten zu berücksichtigen scheint in dem Sinne sinnvoll zu sein, als diese zur Planung sozialarbeiterischer Hilfsangebote notwendig sind. In der Prozeßevaluierung der Stricherprojekte in Deutschland von WRIGHT (*Dvl.* 2000)[31] sind hierzu Angaben zu finden, welche die von ihm gestellte Hypothese: »Ist die Größe der Stricherszene von der Größe der Stadt abhängig?« mit zwei Abbildungen (siehe Abbildung 1 und 2, Eigene Darstellung) zur Veranschaulichung belegen lassen.

Abbildung 1: Verhältnis Stricher - Einwohnerzahl[32]

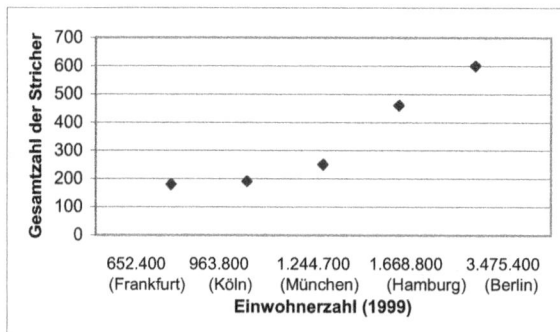

(*Köln ist hier mit ca. 180 Strichern angegeben - in Kapitel 4.7. wird auf die Gesamtpopulation (aus der eigenen Erhebung) bezug genommen, die jedoch erheblich von WRIGHT's Studie abweicht. Es kann davon ausgegangen werden (mündl. Aussage von Matthias Carsten, Mitarbeiter von LOOKS e.V.), daß die Studie von WRIGHT eine Momentaufnahme bezogen auf einen Monat ist. Bei der eigenen Erhebung beziehen sich die Daten auf das gesamte Jahr 2001.*)

Nach seiner Evaluierung scheint ein Zusammenhang der Größe der Szene zur Einwohnerzahl zu bestehen. Seine Hypothese lautet in der Originalformulierung: „Die Einwohnerzahl der Stadt und die Szenegröße bestimmen die Gesamtzahl der Stricher, die in einer Stadt arbeiten. Je größer die Stadt und die Szene, desto mehr potentielle Stricher gibt es wohl und desto mehr Jungs nehmen die Angebote des, in den einzelnen Städten bestehenden, Projekts in Anspruch" (WRIHGT, *Dvl.* 2000, S. 27).
Mit der Abbildung 1 läßt sich die Hypothese von WRIGHT (*Dvl.* 2000) insofern bestätigen, als zu erkennen ist, daß mit der Einwohnerzahl auch die Zahl der Stricher steigt. Hier ist jedoch anzumerken, daß nicht allein die

---

[31] diese Prozeßevaluierung ist auch ein wesentlicher Bestandteil des Praxisbezuges für die vorliegende Arbeit, siehe hierzu: »Soziale Arbeit in der Stricherszene« Kapitel 6. (Im folgenden wird das Kürzel: *Dvl.* für Druckvorlage benutzt)

[32] Die Abbildungen 1 und 2 sind analog aus dem Anhang 8 zur Prozeßevaluation von Wright (*Dvl.* 2000) entnommen, der Anhang weist in dem mir (d. Verf.) vorliegendem Ausdruck keine Seitenzahlen auf.

Größe der Stadt die Anzahl der Stricher bestimmt, sondern daß diese wohl auch durch Merkmale wie »Angebot und Nachfrage«, gesellschaftliche Akzeptanz der Stricherszene – bedingt durch öffentliche/politische Aufklärungsarbeit, sowie jeweilige Hilfsangebote für anschaffende Jungs durch die Stricherprojekte, abhängig ist. Diese Aspekte wurden jedoch bei WRIGHT nicht berücksichtigt (zumindest nicht explizit benannt). Die fünf Projekte befinden sich in Hamburg, Berlin, Köln, München und Frankfurt/Main. Frankfurt ist mit unter einer Million Einwohnern wesentlich kleiner als die anderen Städte, Berlin mit über drei Millionen wesentlich größer.

Die Stricherszenen sind ebenfalls unterschiedlich groß – in den Städten gibt es zwischen drei und neunzehn Bars und Clubs, in denen Stricher arbeiten (WRIGHT *Dvl.* 2000, S. 23).

In der Abbildung 2 (Eigene Darstellung) ist zu erkennen, daß die Anzahl der Bars und Clubs nicht unmittelbar mit der Anzahl der Stricher in der Szene zusammenhängt.

Abbildung 2: Verhältnis Anzahl Stricher - Anzahl der Bars und Clubs

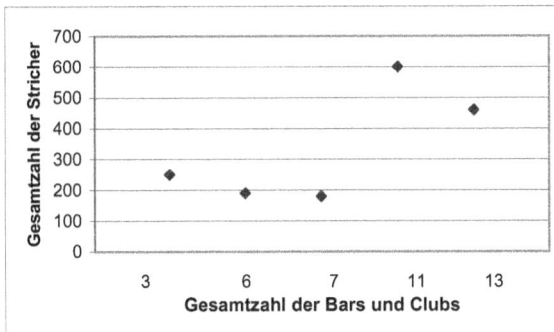

Da diese Untersuchung (zumindest in diesem Umfang) bislang die Einzige in Deutschland ist, läßt sich hierzu keine vergleichbare deutsche Studie gegenüberstellen, die diese Ergebnisse bestätigen oder ergänzen würde (noch ist diese Studie unveröffentlicht, sie liefert jedoch einen wesentlichen Gesamtüberblick auf diesem Gebiet).

2.4.3. Bahnhofs-Strich

Bahnhöfe scheinen als gemeinsames Charakteristikum aller Großstädte eine bevorzugte Stellung einzunehmen. Sie sind öffentlich zugängliche Orte, an denen die Anonymität am ehesten gegeben ist, und sind geprägt von einer eher neutralen, distanzierten Atmosphäre. Der Bahnhofsstrich gilt in der, zumindest gedanklich vorhandenen, »Prostitutionshierarchie« als unterste Stufe. Das Preisniveau für sexuelle Dienstleistungen ist hier geringer als an anderen Orten. Auf dem Bahnhofsstrich sucht/findet der Freier den schnellen, preiswerten und anonymen Sex. Außer beim Aushandeln des Preises findet hier kaum eine verbale Kommunikation statt. Für viele Stricher ist der Bahnhofsstrich das »Sprungbrett« in die Prostitution. Daß heißt, der erste Kontakt zu einem Kunden ist für einen »Anfänger« am Bahnhof von einer niedrigeren Hemmschwelle gekennzeichnet. Hier sind häufig die minderjährigen und drogengebrauchenden Stricher anzutreffen. Dies bestätigen unter anderem auch SUBWAY (2000, S. 11) und BASIS-Projekt (2000, S. 33). Die zentralen Probleme von Jungs, die am Bahnhof anschaffen, sind Drogen und Anschaffen in Verbindung mit Obdach- und Wohnungslosigkeit.

Auf dem Bahnhofsstrich herrscht eine hohe Fluktuation. Stricher, die sehr oft im Bahnhofsbereich präsent sind, sinken im Ansehen bei den Freiern. Außerdem könnten Ordnungskräfte (Polizei, Bundesgrenzschutz etc.) auf sie aufmerksam werden und Schwierigkeiten, bis hin zu Sanktionierungen, auftreten. SCHICKEDANZ (1979, S. 168) merkt zur Bahnhofsprostitution an: „Die Formen der Kontaktaufnahme zwischen Bahnhofs-Strichjungen und Freiern stehen in unmittelbarer Abhängigkeit zu der noch immer weit verbreiteten sozialen Diskriminierung prostitutiven bzw. homosexuellen Verhaltens und lassen sich von daher auch erst nach intensiver Beobachtung als solche eindeutig nachweisen."

2.4.4. Stricher-Kneipen

„Vergleicht man die Formen des »Anmachens« auf öffentlichen Plätzen mit denen im organisierten subkulturellen Bereich, so läßt sich unschwer feststellen, daß der Prozeß der Kontaktaufnahme im Falle der letzteren häufig schneller, einfacher und unproblematischer ist" (SCHICKEDANZ 1979, S. 171).

Als Stricher-Kneipen werden solche Kneipen bezeichnet, die mehr oder weniger in der Szene als Treffpunkte für Stricher und Freier sowie in der homosexuellen Subkultur bekannt sind. »Gewöhnliche« Schwulenkneipen können ebenfalls dazu gehören, denn nicht jeder Besucher von Stricherkneipen ist an Sex oder Prostitution interessiert. Viele Kneipen existieren schon seit Jahren, sind unter den »Insidern« bekannt und weisen eine gewisse Stabilität in ihrem Kundenkreis auf. Bei den oft langen Wartezeiten auf den nächsten Freier verbringen die Stricher häufig ihre Zeit am Tresen oder am Spielautomaten. Beides erfordert viel Geld, was zu dem Problem des permanenten Geldbedarfs maßgeblich beiträgt.

Zum Setting der Stricherkneipen schreibt SCHICKEDANZ (1979, S. 157): „Die Einrichtung ist meist klar und einfach gehalten, die Lichtverhältnisse in der Regel den zu tätigenden »Geschäften« adäquat angepaßt." Auch DANNECKER/REICHE (1974, S. 88ff.) beschreiben die Kneipen eher als düstere Bars: „Für Strichjungen und ihre Kunden sind zumindest im großstädtischen Homosexuellen-Getto eigene Treffpunkte vorgesehen. Bereits in der Einrichtung unterscheidet sich dieser Typ von Lokalen vom ersten [Anm.: luxuriöse Homosexuellenbars] beträchtlich. Ist das Mobiliar dort erlesener, so ist es hier zusammengelesen. (...) Schlägereien und gefühlvolle Szenen [gehören in] »Stricher-Kneipen« (...) zum täglichen Erscheinungsbild." Dieser Gegensatz kann für die Gegenwart so nicht mehr bestätigt werden. Stricher-Kneipen unterscheiden sich heute kaum noch von anderen Schwulen-Lokalen, der Übergang ist heute fließend.

DANNECKER/REICHE (1974) und SCHICKEDANZ (1979) weisen in ihren Untersuchungen auch immer wieder auf die unterschiedliche Schichtzugehörigkeit der Stricher und der Freier hin, indem sie davon ausgehen, daß in den Kneipen zwei unterschiedliche Personengruppen aufeinandertreffen und in Interaktion treten. Stricher und Freier unterscheiden sich hinsichtlich ihres Alters, ihrer Herkunft und Schichtzugehörigkeit (soziale und ökonomische Positionen) voneinander.

Diese beiden älteren Studien stellen, vom heutigen Wissensstand über Stricher und Freier, eine eher idealisierte Sichtweise dar. Nach Erfahrungen einzelner Stricherprojekte können Freier heute sehr wohl auch aus der Unterschicht kommen, von Sozialhilfe leben, Alkohol und illegale Drogen konsumieren – es gibt kaum noch zwangsläufige Unterschiede in Bezug auf die Schichtzugehörigkeit der Stricher.

2.4.5. Sexuell-finanzielle Interaktion zwischen Stricher und Freier

Die Interaktion zwischen Strichjungen und Freiern wird in der Mehrzahl der Fälle in der Öffentlichkeit eingeleitet. Dazu gehören am häufigsten: die Stricherkneipen, der Bahnhof in großen Städten, öffentliche Bedürfnisanstalten (Klappen) oder auch Parks und die Straße. Die sexuelle Interaktion zwischen Stricher und Freier findet in der Regel in den Wohnungen der Freier, in einem Stundenhotel, im Wagen des Freiers und/oder direkt am Ort der Kontaktaufnahme (Klappen, Pornokinos, Park) statt. SCHICKEDANZ (1979, S. 156) konstatiert: „Die Interaktion zwischen den männlich-homosexuellen Prostituierten und den Freiern wird schließlich unterstützt durch die homosexuelle Subkultur, die in Form von (...) Stricher-Kneipen die Freier-Stricher-Transaktion gleichsam institutionalisiert."

Weiterhin merkt er an, daß bei der sexuell-finanziellen Interaktion die Verflechtung von Sex und Geld im Mittelpunkt der Freier-Stricher-Interaktion steht. Während die männlich-homosexuellen Prostituierten vor allem des Geldes bedürfen (SCHICKEDANZ 1979, S. 158), um sich reproduzieren zu können, bedürfen die Freier der Sexualität, um ihr psychosexuelles Gleichgewicht zu wahren; so auch schon im *Kapitel 1.* zum *»Prostitutions-Markt«* beschrieben.

„Sex und Geld sind die beiden Stützpfeiler der Prostitution. Den Prinzipien der Tauschgesellschaft entsprechend, gehen männlich-homosexuelle Prostituierte und Freier eine Tauschbeziehung ein, durch die jedes der tauschenden Individuen einen wirtschaftlichen bzw. sexuellen Nutzen zu errei-

chen sucht" (SCHICKEDANZ 1979, S. 173). Neben Sex und Geld, als Mittelpunkt der sexuell-finanziellen Interaktion zwischen Stricher und Freier,
stehen die sexuellen Praktiken – hierbei geht es in erster Linie darum, den
Orgasmus des Freiers herbeizuführen. In der Regel besteht der Freier nicht
darauf, daß auch der Stricher einen Orgasmus haben muß.

Zur Interaktion gehört unter anderem das »Aushandeln« der sexuellen
Praktiken und die dafür üblichen Preise. SCHICKEDANZ (1979, S. 175f.)
liefert hierzu konkrete Angaben, die sich jedoch auf die Jahresangabe seiner Untersuchung stützen und demnach in der alten Währung angegeben
sind, wie in Tabelle 3 (Eigene Darstellung) dargestellt. Auch wenn die Angaben überaltert sind, kann jedoch davon ausgegangen werden, daß sich
die Preise bis heute nicht wesentlich geändert haben, 100,- DM entsprechen ca. 50,- €.

Tabelle 3: Sexuelle Praktiken und Preise

sexuelle Praktiken aktiv/passiv	Preise
Mutuelle Masturbation	30,-/50,- DM
Oral-genitale Praktiken	50,- DM
Anal-genitale Praktiken	100,- DM
Sado-masochistische Praktiken	100,- DM

„Höchstpreise werden für die sog. perverse Behandlung gezahlt, worunter
hauptsächlich sado-masochistische Techniken (...) zu subsumieren sind"
(SCHICKEDANZ 1979, S. 184). Die mutuelle Masturbation ist die beliebte-
ste sexuelle Praktik, sie wird am häufigsten ausgeführt und ist preislich am
niedrigsten. Die zweithäufigste sexuelle Praktik ist die passive Fellatio. Zu
berücksichtigen ist jedoch (mündl. Aussage eines Mitarbeiters von
SUBWAY), inwieweit die Stricher wirklich zugeben, welche Praktiken angewandt werden. Die Erfahrungsberichte in den Stricherprojekten zeigen,
daß nicht die Masturbation, sondern die Fellatio die häufigste Praktik sei.
Die angegebnen Preise von SCHICKEDANZ (1979) dienen »nur« einem
groben Überblick. Die Preise sind weitgehend ein signifikantes »Phänomen« und abhängig von der individuellen Lebenssituation, vom Alter und
der Professionalität des Strichers. Da sich die meisten Strichjungen als heterosexuell definieren, werden jene Praktiken am wenigsten negativ bewertet, die in den heterosexuellen Normenkomplex der bürgerlichen Sexual-
norm passen. Je nach eigener sexueller Identität der Stricher unterscheiden

sich aktive und passive Fellatio, sowie aktiver oder passiver Analverkehr. Die sich homosexuell einschätzenden Stricher gehen eher der aktiven Fellatio und dem passiven Analverkehr nach. Die sich als heterosexuell definierenden Stricher lehnen diese Praktiken eher ab. Sie lassen an sich den passiven Fellatio vornehmen und führen den aktiven Analverkehr aus. Zu den sado-masochistischen Praktiken zählen unter anderem auch das Fesseln und Schlagen des Partners bis hin zur Unterwürfigkeit (Sklave, Diener). Eher selten kommt es zu perversen sexuellen Praktiken (SCHMIDT-RELENBERG et al. 1975, S. 194f.; SCHICKEDANZ 1979, S. 175ff.).

Die Preise für die sexuellen Handlungen sind abhängig von:

(1) Der Art der gewünschten Befriedigung.

(2) Der Prostitutionsklasse, der sich der männliche Prostituierte selbst zuordnet (z.B. daß Strichjungen oft für die gleichen sexuellen Handlungen, im Vergleich zu den Callboys, weniger verdienen – allerdings können sehr junge Stricher ein Vielfaches von den Callboys verdienen)[33].

(3) Sowie vom Ort und zeitlichen Rahmen der Interaktion.

Ein Stricher in einem Interview bei SCHICKEDANZ (1979, S. 183) äußert sich so:

„Hier am Bahnhof muß ich Taxepreise nehmen, so zwischen 30 und 50 Mark; 30 Mark ist schon viel am Bahnhof. Und in Lokalen, da kann ich 50 Mark ... aber am Bahnhof, da darf ich normalerweise über 30 Mark nicht drübergehn, sonst erschlagen mich die anderen Typen."

Im allgemeinen steigen die Preise für die sexuellen Praktiken hinsichtlich des zur Ausübung der sexuellen Technik notwendigen körperlichen Energieaufwandes mehr oder weniger stark an. „Je »perverser« und devianter, je zeit- und energieraubender die jeweilige Befriedigungsart ist, desto mehr muß der Freier »löhnen«" (SCHIKEDANZ 1979, S.184).

---

[33] Aus einem Gespräch mit einem Mitarbeiter (Wolfgang Werner) von SUBWAY geht hervor, daß auch Callboys mit Verarmungs- und Vereinsamungstendenzen zu »kämpfen« haben. Viele von ihnen leben am Existenzminimum, bedingt durch überhöhte Mieten, zu hohe Abgaben etc.

III.

SOZIALISATION VON STRICHERN

3.1. ALLGEMEINES

Mit dem Begriff »Sozialisation« wird in der heutigen Sozialisationsforschung allgemein das Insgesamt der Prozesse des Aufwachsen der Menschen in ihrer Wechselwirkung mit der dinglich-materiellen (stofflichen), ihrer sozialen Umwelt und mit sich selbst verstanden (BÖHNISCH/WINTER 1993, S. 13). Die Sozialisation bezeichnet mithin den Prozeß, in dessen Verlauf sich der biologisch entstandene und kulturgenetisch vorausgesetzte menschliche Organismus zu einer sozial handlungsfähigen und identischen Persönlichkeit heranbildet.

Die sozio-ökonomischen und kulturellen Verhältnisse, in denen ein Kind aufwächst, wirken auf seine Entwicklung ein. Sie setzen seiner Entfaltung nicht nur materielle und geistige Grenzen (BECKER et al. 1997, S. 878), sondern wirken auch über das Verhalten der Erwachsenen, mit denen es Kontakt hat. Zu den Institutionen, die sozialisierend auf Kinder, Heranwachsende und Erwachsene wirken, gehören unter anderem: Familie, Kindergarten, Schulen aller Art (Bildungswesen), staatliche Institutionen (Heimerziehung), Medien, Kirchen. Sie alle haben teils ergänzende teils konkurrierende Ansprüche, die auf den Sozialisationsprozeß des Einzelnen wirken. „Aus soziologischer Sicht bedeutet Sozialisation vor allem die Integration des Menschen in die kulturell vorgegebenen sozialen (Rollen-)Systeme. Sowohl unter dem Aspekt der Entwicklung zur »identischen« Persönlichkeit gesehen – die personale und soziale Identität muß in den verschiedenen

Lebensaltern immer wieder neu gefestigt und biographisch ausgeformt werden - als auch unter dem Blickwinkel der Integration in altersgruppen-spezifisch wechselnde soziale Rollensysteme gilt die Sozialisation als le-benslanger Prozeß" (BÖHNISCH/WINTER 1993, S. 13).

Anzumerken an dieser Stelle sei, daß von SozialarbeiterInnen/ Sozial-pädagogInnen häufig erwartet wird, die Einstellungen und Verhaltenswei-sen von Klienten, deren Sozialisation als fremd oder defizitär angesehen wird, zu korrigieren. Dieser Anspruch kann so jedoch nicht aufrecht erhalten werden.

Das folgende Modell von BÖHNISCH/WINTER (1993), wie in Abbildung 3 dargestellt, gibt einen Überblick über die unterschiedlichen Bezugselemen-te männlicher Sozialisation im allgemeinen. Sie weisen darauf hin, daß es kein echtes Variablenmodell ist, da für einige wesentliche Bezugspunkte keine oder zu wenige empirische Befunde vorliegen. Die Abbildung soll als grobe Anschauung über die Zusammenhänge von Bezugselementen (spe-ziell zum Bezug der eigenen ablehnenden Homosexualität) dienen, da in den folgenden Kapiteln genauer auf die Sozialisation von Strichern einge-gangen wird.

Abbildung 3: Modellskizze „Sozialisationsmodell Mannsein"

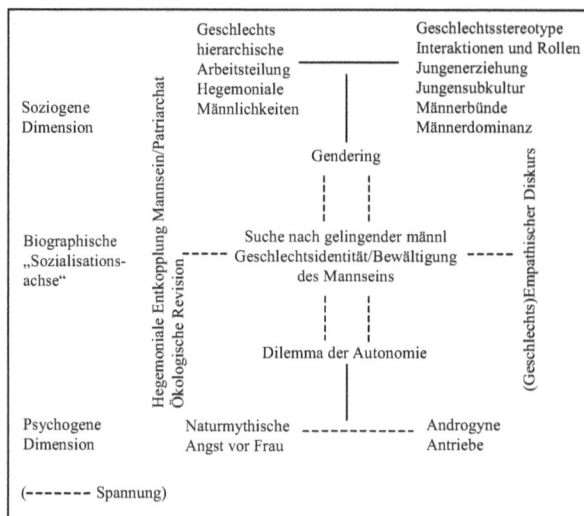

		Geschlechts hierarchische Arbeitsteilung Hegemoniale Männlichkeiten	Geschlechtsstereotype Interaktionen und Rollen Jungenerziehung Jungensubkultur Männerbünde Männerdominanz
Soziogene Dimension			
		Gendering	
Biographische „Sozialisations-achse"		Suche nach gelingender männl Geschlechtsidentität/Bewältigung des Mannseins	
		Dilemma der Autonomie	
Psychogene Dimension		Naturmythische Angst vor Frau	Androgyne Antriebe

(vertikal links: Hegemoniale Entkopplung Mannsein/Patriarchat — Ökologische Revision)

(vertikal rechts: (Geschlechts)Empathischer Diskurs)

(------- Spannung)

(Quelle: BÖHNISCH/WINTER 1993, S. 45)

BÖHNISCH/WINTER (1993, S. 72) konstatieren: „Während die Frauenab-
wertung einen Verlust oder eine Lähmung der androgynen [Anm. d.Verf.:
zweigeschlechtlichen] Tendenzen bedeutet, führt die Homosexualität dazu,
daß die in der Männlichkeit auch anthropologisch vorhandenen ge-
schlechts-empathischen Anteile unterdrückt werden. Der abwertende Umgang mit Homosexualität ritualisiert kulturgeschichtlich die Angst vor dem
Verlust der Fähigkeit zur Außenorientierung als Basis männlicher Lei-
stungsfähigkeit und Macht".

Die folgende Ausführung lehnt sich an BÖHNISCH/WINTER (1993, S. 40-
45) an. Das Modell hat eine soziogene (gesellschaftliche) und eine psychogene (seelische) Dimension, die in einem Spannungsverhältnis stehen. Die
beiden Grunddimensionen konstituieren ein sozialisatorisches »Magnet-
feld«, welches sich um die bibliographische Sozialisationsachse der »Suche nach gelingender männlicher Geschlechtsidentität/ Bewältigung des
Mannseins« aufbaut. Es wird versucht, die Ganzheitlichkeit des Mannseins
in ihrer personalen (inneren) und sozialen (äußeren) Gestalt theoretisch
auszudrücken. Die Suche nach gelingender männlicher Geschlechtsidentität (*siehe hierzu Kapitel 4.4.ff. dieser Arbeit*) ist dabei als lebenslanger Prozeß zu begreifen.

Viele der Strichjungen definieren ihre sexuelle Identität immer wieder als
heterosexuell und lehnen homosexuelle Tendenzen nach außen vehement
ab. Die psychogene Dimension ist auf das Selbst, insbesondere im »Dilemma der Autonomie« (nicht nur durch den gesellschaftlichen Sozialisationsprozeß ausgelöst, sondern auch angelegt im kulturanthropologischem
Problem des Mannseins), bezogen. Die Abwertung von und die Angst vor
Homosexualität verweist auf das Dilemma der männlichen Autonomie. Es
kommt zur Abwertung der Homosexualität (BÖHNISCH/WINTER 1993, S.
74) und zu Haß in der bekannten Schärfe (Gewalt gegen Homosexuelle),
weil »Normal-Männer« eigene homosexuelle Neigungen unterdrücken –
und diesen Verlust verdrängen oder projizieren müssen. Auf die Strichjungen übertragen, würde dies das Ausleben der eigenen Homosexualität bedeuten. Es verweist im Sinne problematischer Vorgänge der persönlichen
Integration auf die Bedingungen, Antriebe und Bestrebungen im eigenen
Umgang mit dem männlichen Selbst, indem sich das »soziale Geschlecht«
(Gender) im Gegensatz zum »biologischen Geschlecht« (Sex) im Verlaufe
der Biographie entwickelt (BÖHNISCH/WINTER 1993, S. 42). Für die
männlichen Prostituierten ist es deshalb wichtig, Hilfe und Unterstützung in
bezug auf ihr bevorstehendes Coming-Out zu bekommen. In der psycho-

genen Dimension werden die Antriebe und Strebungen vermutet, welche gerade bei Männern – im Sinne der emotionalen Autonomie – emphatische Tendenzen freisetzen können. Auch wurden hier jene kulturanthropologischen und biopsychischen Annahmen integriert, die sich unter den Stichworten »naturmythische Angst vor der Frau« (kulturgeschichtlich/-genetische Prägung des Mannseins) und »androgyne Antriebe« (empirisch begründete Annahme der weiblichen Anteile beim Mann) befinden (BÖHNISCH/WINTER 1993, S. 42). Dies soll hier jedoch nicht näher erläutert werden.

Zur Sozialisation der Strichjungen konstatiert WAGNER (1990, S. 43): „Die soziale Analyse der Strichjungen (...) weist darauf hin, daß diese überwiegend aus Familien der Unterschicht, oft aus gestörten Familienverhältnissen kommen. Hier zeigt sich soziales Elend in der Form, daß andere Formen des Gelderwerbs nicht mehr in den Blick kommen" (mit dieser Aussage verweist er unter anderem auf den Beitrag von STALLBERG im selben Buch). Für sie scheint das ziemlich dichte Netz der homosexuellen Subkultur günstig zu erscheinen, um durch Prostitution schnell zu Geld zu kommen. Es kann zu einem Kreislauf Prostitution↔Sucht-Geldnot↔Prostitution kommen, der sich aus dem »Zwang« zum Gelderwerb durch Drogen- und Alkoholsucht ergeben kann. WAGNER (1990) spricht von jugendlichen Ausreißern, die durch das Weglaufen unter anderem der Heimerziehung oder der familiären Gewalt entkommen wollen/sind. Ihre Sozialisation ist gestört und der Übergang zur Kleinkriminalität leicht möglich. Oft ist auch schon zu Hause oder im Bekannten- und Verwandtenkreis ein erster sexueller Mißbrauch vorgekommen.

Doch nicht allein ein Heranwachsen ohne Liebe und Zuneigung, Mißbrauchserfahrung und Heimaufenthalt macht aus einem Jungen gleich einen Strichjungen. SCHMIDT-RELENBERG et al. (1975, S. 62) betonen: „Der Sozialisationsprozeß des Individuums, d.h. der Lernprozeß, über den sich das Kind und der Heranwachsende zu einem integrierbaren Mitglied der Gesellschaft entwickeln soll", ist ein entscheidender Faktor. Im Einzelfall können sich Faktoren wie das Aufbrechen einer homosexuellen Triebrichtung und entsprechendes Probierverhalten, psychische Labilität oder materielle Notsituationen (wobei diese ihrerseits bereits als Ergebnisse des Sozialisationsprozesses zu interpretieren sind) für den Prozeß der Devianz annehmen lassen. Hierbei sind diese Faktoren zwar häufig die Auslöser, jedoch nicht die eigentliche Ursache für das Verhalten. SCHICKEDANZ

(1979, S. 98) lenkt ein „Es ist zweifellos müßig zu wissen, daß Faktoren wie Elternhaus, Fürsorgeerziehung, Alkohol, Großstadt etc. zu deviantem Verhalten disponieren können, wenn diese nicht gleichzeitig als miteinander in Wechselwirkung stehende Elemente einer dialektischen Totalität begriffen werden."

SCHMIDT-RELENBERG et al. (1975) gehen sogar so weit, allen von ihnen befragten Jungen einen derartigen Sozialisationsprozeß zu unterstellen – wobei sie mit ihrer Hypothese nicht behaupten, daß in jedem Falle einer unzulänglichen Sozialisation deviantes Verhalten als Ergebnis auftreten muß – gleichwohl sie diese Hypothese in ihrer Untersuchung bestätigt finden. Nach ihren Ergebnissen ist die „männliche homosexuelle Prostitution als deviantes Verhalten das Ergebnis eines komplexen Prozesses, dessen Hauptfaktor eine im Sinne bürgerlicher Zielvorstellungen und faktisch unzulänglichen Sozialisation ist" (SCHMIDT-RELENBERG et al. 1975, S. 63). Die existentiell unterprivilegierten Klassen werden durch die ökonomische und politische Verfassung der bürgerlich-kapitalistischen Gesellschaft hervorgebracht. Die Normen der bürgerlich-mittelständischen Gesellschaft kennzeichnen sich durch das Hervorheben von Leistungsprinzipien und Tabuisierung des Lustprinzips aus. Die an den Mittelklassen ausgerichteten Normen bewirken in den Über- und Unterklassen eine stärkere Tendenz zu abweichendem Verhalten – Arbeitsethos, Aufstiegswillen, Disziplin – persönliche Zielvorstellungen und Entfaltung der Persönlichkeit werden, im Sinne gesellschaftlicher Normen, irreal. (SCHMIDT-RELENBERG et al. 1975, S. 64ff.) beschreiben die „typische[n] Merkmale und Wirkungen der spezifischen Sozialisation in den Unterklassen, die sich in Defiziten, Defekten und letztendlich in Devianz bei den Strichjungen niederschlagen", zusammengefaßt wie folgt:

» das Fehlen einer langfristig angelegten planvollen Erziehung, angelegt auf antizipatorisches Verhalten;

» häufiger Wechsel von Bezugspersonen durch Ehescheidungen, Partnerwechsel von Elternteilen, wechselnde Heimaufenthalte (Erziehungsheime oder öffentliche Fürsorge bilden eine wichtige Sozialisationsinstanz);

» die sexuelle Sozialisation ist gekennzeichnet durch Nicht- bzw. Gassen-Aufklärung.

3.2. FAMILIÄRE SOZIALISATION

Um das Verhalten und die Tätigkeit von Strichern zu begreifen, ist eine Erforschung der Sozialisationsbedingungen von männlichen Prostituierten unabdingbar. Viele Stricher erlebten in ihrer Herkunftsfamilie kaum Geborgenheit. In den deutschen Untersuchungen, z.b. bei SCHICKEDANZ (1979) und SCHMIDT-RELENBERG et al. (1975), sowie Literatur aus dem englischsprachigen Raum, z.b. WEISBERG[SE] (1985), wird in den jeweiligen Interviews mit den Strichern immer wieder ein zerrüttetes Elternhaus beschrieben. Sie haben alle eine Bindungs- und Beziehungsstörung zu ihren Eltern beschrieben. „Noch nicht einmal bei der Hälfte der Jungen", so beschreiben SCHMIDT-RELENBERG et al. (1975, S. 67) in ihren Untersuchungen, „leben die Eltern zusammen, wobei hier Stiefeltern mit inbegriffen sind, mit denen sich die Jungen häufig nicht gut verstehen. Mehr als die Hälfte der Eltern sind geschieden, getrennt oder ein Elternteil ist gestorben. Nur bei einem Fünftel der Fälle kann man von einem mehr oder weniger harmonischen Familienleben sprechen; bei allen anderen sind die Verhältnisse zu Hause unharmonisch bis völlig zerrüttet". Auch REDHARDT[SE] (1968, S. 64)[34] weist in seinen Untersuchungen auf die „teilweise erhebliche familiäre Belastung" und „den oft parallel verlaufenden äußeren Zerfall des elterlichen Familienzusammenhangs" hin. Nach SCHICKEDANZ (1979, S. 110ff.)[35] sind folgende Faktoren für die Situation in Familie und Elternhaus kennzeichnend:

(1) *strukturell desorganisierte Familien*:

» 33,33% der von Schickedanz befragten Stricher wurden unehelich geboren.

» Bei 33,33% ließen sich die Eltern scheiden.

» Bei 20% war ein Elternteil verstorben.

» Bei 6,67% waren beide Elternteile verstorben.

» 60% befanden sich in ihrer Kindheit in einem Fürsorgeheim.

---

[34] zitiert nach: Schickedanz (1979) S. 111
[35] sofern sich die Angaben in Prozentzahlen ausdrücken lassen – er hat lediglich 15 Stricher befragt

(2) *funktional desorganisierte Familien*:
» Alle befragten Jungen gaben eine ambivalente emotionale Zuwendung der Eltern beziehungsweise Elternteile an.
» 33,33% gaben eine Familienüberorganisation durch Mutter, Großeltern und Pflegeeltern an.

(3) *gestörte Vater-Beziehung*:
» Zwei Drittel seiner Probanden hatten das Gefühl vom Vater abgelehnt zu werden, die Chance des Jungen, sich positiv mit dem Vater identifizieren zu können, war demnach beschränkt.

3.3. HEIMERZIEHUNG

Alle Studien stimmen darin überein, daß männliche Prostituierte fast ausnahmslos Heimaufenthalte hinter sich haben. SCHICKEDANZ (1979, S. 117ff.) gibt bei seinen Studien an, daß 60% der von ihm befragten Stricher in einem Fürsorgeheim lebten. Bei BONHOEFFER (1977, S. 163 u. 174ff.) werden institutionell bedingte, nichtkorrigierbare Fehler und Mängel von Heimen, die an Kindern gemacht werden, folgendermaßen beschrieben:

(1) Kinder erleben die Unterbringung in einem Heim meistens als eine Art »Zwangsmaßnahme« (sie befinden sich in einer als feindlich empfundenen und abgelehnten, vor allem aber für sie vollkommen unnatürlichen Lebenslage).

(2) Die Fluktuation bringt permanente Unruhe ins Haus. Frisch geknüpfte Beziehungen werden dadurch »zerrissen«; die Fluktuation der kurzfristig Verweilenden macht den länger- und langfristig im Heim lebenden Kindern bewußt, daß sie sich in einem »Wartesaal« befinden (die Aufenthaltsdauer ist den Kindern selbst nicht bekannt). Diese Lebenslage erzeugt Resignation, Mißtrauen und Minderwertigkeitsgefühle; sie zerstört Motivation, Perspektiven und Solidarität.

(3) Die Spezialisierung von Heimen (offene und geschlossene Heime, Trennung nach Geschlechtern, Distanz von Elternhaus und Herkunftsmilieu, nach Symptomatik und therapeutischer Methode der Kinder etc.) ruft oft einen Platzwechsel hervor. Heranwachsende Kinder verändern oft rasch

ihr Verhalten und ihre Bedürfnisse, die individuelle Lebenslage und damit das Erscheinungsbild eines jeden Kindes entsprechen dann nicht mehr der speziellen Aufgabe des Heims – sie werden an andere Plätze verwiesen.

Die Jugendlichen erfahren sich als unerwünscht und untragbar, was gleichzeitig eine Stigmatisierung bedeutet. Die Platzwechsel (Heimwechsel) gehen einher mit dem Gefühl des »Abgeschobenwerdens« und dem Erleben von Beziehungsabbrüchen. Bei BÜRGER (1990, S. 74ff.) hat mindestens jeder vierte Jugendliche das Heim gewechselt. 17% von 222 Probanden haben einmal, 4% zweimal und 2% dreimal einen Heimwechsel erlebt. Bei 29 Befragten war der Grund für den Wechsel die »Nicht-Tragfähigkeit« der Bewohner.

Unter diesen Vorraussetzungen ist es für die Jugendlichen schwierig, eine feste kontinuierliche Bezugsperson zu finden, bei der sie sich wohlfühlen. HERM (1991, S. 56) konstatiert hierzu: „Dieses Bedürfnis der Kinder nach Liebe und Zuneigung kann mit formal festgelegten Erziehungsmethoden und abstrakter Wertevermittlung allein nicht gestillt werden. Die eigene Persönlichkeit zu erfahren und sich als Individuum zu spüren beziehungsweise als solches ernst genommen zu werden ist für die Kinder wichtiger als einem institutionalisierten Alltag zu genügen, der sich in einem festen Tagesablauf manifestiert und hinter dem sich die Pädagogen verstecken können." Was das Kind im Heim erlebt, ist weitgehend durch Struktur und Organisation des Heims vorgegeben BONHOEFFER (1977, S. 39-55), stimmt aber gerade nicht mit den subjektiven pädagogischen Intentionen der Erzieher überein. Zudem orientieren sich die Kinder im Heim ganz unabhängig von den gesetzten Erziehungszielen selbst laufend in ihrem, wenn auch »schrumpf-familial« strukturierten Umfeld, das sie außerhalb des Heims vorfinden. Die Fragestellung ist und bleibt: Gegen welche ungünstigen Lebensbedingungen in der Herkunftsfamilie werden welche günstigen/ungünstigen Lebensbedingungen anderenorts getauscht?

Bei SCHICKEDANZ (1979, S. 120f.) berichtet ein Stricher in einem Interview:

> „Ich war 16 als ich ins Heim kam und blieb da bis 19, ich bin da hineingekommen, weil ich nicht gearbeitet hab. Ich hab da viel Trauriges gesehen, das Leben war da nicht gerade schön. Es hatte dort auch mehrere Selbstmorde gegeben. Da war ein Freund von mir gewesen, der hat sich umgebracht, der hat sich erhängt. Und da gabs zum Beispiel auch ein Junge, der war heterosexuell, also der wollte Mädchen und der ist immer abgehauen. Und da hat ihn der Erzieher einmal so traktiert, daß er nachher keine Kin-

der mehr zeugen konnte. Also Schläge in den Unterleib und so. (...) Im Heim hab ich z.B. so Sachen gelernt wie man einen am besten niederstechen kann, wie man am besten einen totschlägt. Halt vom Totschlag bis zum Einbruch und Tresorschweißen, das hab ich alles dort gelernt, nicht draußen. Die Zeit im Heim hat mir nichts gutes (sic!) gegeben, sie war schlecht. Die meisten Typen, die dort sind, haben zu wenig Liebe bekommen, und dann werden sie dort noch unterdrückt. Die kommen dann raus und die Aggression staut sich."

Aus den Berichten der Jungen in der Untersuchung von SCHMIDT-RELENBERG et al. (1975, S. 100) ergibt sich, daß für die Jungs das Heim der öffentlichen Fürsorge nach ihren Familien der entscheidende Sozialisationsfaktor ist. Es sind mehrere Faktoren, die den negativen Sozialisationserfolg in Heimen oder durch Heimaufenthalte bewirken (wie auch schon oben in diesem Kapitel beschrieben).

Doch bleibt die Frage offen, ob sich die beiden folgenden Aussagen von SCHMIDT-RELENBERG et al. (1975) und SCHICKEDANZ (1979), verallgemeinern lassen oder ob nicht auch die außerheimische Sozialisation ihresgleichen dazu beigetragen hat:

„Aus unseren Untersuchungen geht hervor, daß das Heim eine entscheidende Durchgangsstation zur Strichjungentätigkeit ist" (SCHMIDT-RELENBERG et al. 1975, S. 100) und „Die Heime – das geht aus den Äußerungen der Strichjungen eindeutig hervor – sind als Instanzen der sozialen Kontrolle nicht nur Schulen der Kriminalität, sondern produzieren darüber hinaus auch gleichzeitig ein Heer von potentiellen Prostituierten" (SCHICKEDANZ 1979, S. 120).

3.4. SEXUELLE SOZIALISATION

STAHL (1993, S. 204) konstatiert: „Sexualität ist nichts Natürliches, sondern wird von der jeweiligen Kultur definiert und muß vom Einzelnen gelernt werden. Insofern sind die Umstände interessant, unter denen Jungen in ihrer Kindheit und Jugend Sexualität kennenlernen."

SCHMIDT-RELENBERG et al. (1975) und auch SCHICKEDANZ (1979) betonen, daß die familiäre Herkunft und die Schichtzugehörigkeit der meisten Stricher im Zusammenhang stehen. Aus den Untersuchungen geht hervor, daß viele der Strichjungen offenbar geringe Möglichkeiten hatten, eine positive männliche Geschlechtsidentität aufzubauen. SCHMIDT-RELENBERG et al. (1975, S. 123) stellen fest, daß die Sexualaufklärung der Strichjungen unzureichend ist. Die Aufklärung über die Sexualität erfolgte offensichtlich durch Gleichaltrige oder ältere Schulkameraden, in wenigen Fällen durch die Eltern – beides auch nur sehr sporadisch (auf die Schnelle oder völlig bruchstückhaft). Als „irrational und diskontinuierlich" bezeichnet SCHICKEDANZ (1979, S. 138) die sexuelle Sozialisation. Er weist darauf hin, daß dies nicht verwunderlich sei, da die Mehrzahl seiner Probanden aus „funktional wie strukturell desorganisierten Familien kommen" (SCHICKEDANZ 1979, S. 138).

In den Tabellen 4 und 5 (Eigene Darstellung) sollen die auffälligsten Daten der Sexualstruktur zusammengefaßt werden:

Tabelle 4: Alter beim ersten heterosexuellem Kontakt

	Dannecker/Reiche (1974, S. 50)[36]	Schickedanz (1979, S. 140)
12 Jahre		46%
13 Jahre		54%
14 Jahre	4% (bis 14 Jahre)	-
15 Jahre	2%	-
16 Jahre	5%	-
17 Jahre	5%	-
n=Anzahl	n=789	n=15

Tabelle 5: Alter beim ersten homosexuellen Kontakt

	Dannecker/Reiche (1974, S. 37)	Schickedanz (1979, S. 141)
12 Jahre		13,3%
13 Jahre	19% (bis 13 Jahre)	6,6%
14 Jahre	14%	26,6%
15 Jahre	10%	26,6%
16 Jahre	10%	20%
17 Jahre	10%	6,6%
n=Anzahl	n=789	n=15

---

[36] beachte: die Befragung richtete sich ausschließlich an homosexuelle Männer

Sowohl DANNECKER/REICHE (1974, S. 50), SCHMIDT-RELENBERG et al. (1975, S. 10ff.)[37] als auch SCHICKEDANZ (1979, S. 140ff.) stellen bei den Strichjungen sehr frühe sexuelle Erfahrungen fest. Eine Einteilung in-den ersten homosexuellen und heterosexuellen Kontakt wird in allen Unter-suchungen getrennt aufgeführt. Da die Studien hinsichtlich des Aspektes sexueller Sozialisation unterschiedlich akzentuiert sind, kann man sie zwar nur bedingt miteinander vergleichen, jedoch zur Orientierung sind sie gleichwohl sinnvoll. Damit läßt sich die These von den frühen sexuellen Er-lebnissen untermauern, wenn man berücksichtigt, daß die jeweils befragten Strichjungen im Alter von 14 Jahren und vorher ihren ersten sexuellen Kon-takt hatten.

3.5. SEXUELLER MIßBRAUCH

Das Thema »Sexueller Mißbrauch an Jungen« rückte erst in den letzten Jahren ins Bewußtsein der Öffentlichkeit. Jungen werden weitaus häufiger Opfer sexueller Gewalt, als bisher angenommen. „Daß sie als Opfer wahr-genommen werden müssen und unter sexuellem Mißbrauch und deren Folgen leiden, ist mittlerweile weitgehend bekannt" (BANGE[IN]1997 ohne Seitenangabe, da es sich hierbei um einen Vortrag handelt der im Internet veröffentlicht wurde). Doch in der breiten Öffentlichkeit bestehen große Un-stimmigkeiten über das Ausmaß und die Auswirkungen von sexueller Ge-walt gegen Jungen. Inzwischen gibt es Hinweise darauf, daß auch viele Stricher Mißbrauchserfahrungen gemacht haben. Deshalb bedarf dieses Thema einer besonderen Beachtung.

Tabelle 6 (Eigene Darstellung) zeigt verschiedene Studien im Vergleich (aus dem englischsprachigen Raum, für Deutschland gibt es bisher noch keine so umfangreichen oder vergleichbaren Studien), aus denen hervor-geht, wie hoch der Anteil der männlichen Prostituierten ist, die in ihrer Kind-heit sexuell mißbraucht worden sind.

---

[37] hier: Beschreibung der Gesprächspartner – wobei sich diese Angaben nicht tabella-risch ordnen lassen, da die Angaben „nur" sporadisch aufgeführt sind

Tabelle 6: Sexueller Mißbrauch (verschiedene Studien im Vergleich)[38]

Janus[SE] (1984)	Weisberg[SE] (1985)	McCormack[SE] (1986)	Earls[SE] (1989)
86%	44%	38%	30%
n=28	n=79	n=89	n=50
n=Anzahl der Befragten			

„Janus[SE] et al. (1984, 135ff.) befragten in Boston 28 männliche Prostituierte im Alter von 14 bis 25 Jahren. 24 der 28 Jungen (86%) erzählten von
erzwungenen sexuellen Kontakten in ihrer Kindheit. Elf von ihnen waren
innerhalb der Familie sexuell mißbraucht worden. Weisberg[SE] (1985, 48)
berichtet, daß 29% der von ihr befragten 79 Strichjungen innerfamilialen
und 15% außerfamilialen sexuellen Mißbrauch erlebt haben" (BANGE
1993, 133). In einer Untersuchung von McCormack[SE] et al. (1986, S. 390)
wurde herausgefunden, daß „von 89 streunenden Jungen [Anm.: *Trebegänger*, d. Verf.] 34 (38%) sexuellen Mißbrauch erlebt hatten" (BANGE
1993, S. 132). In der Publikation von SCHROTT-BEN REDJEB (1991, S.
11) verweist sie auf eine Untersuchung von EARLS[SE] (1989) bei der 30%
(Durchschnittsalter der Befragten zum Zeitpunkt des Mißbrauchs: 9,7 Jahre) einen sexuellem Mißbrauch erfahren haben. Weiterhin konstatiert sie
(und verweist damit auf die Untersuchungen von WEISBERG[SE] 1984, S.
408 und BOYER[SE] 1986, S. 92f. sowie S. 176-189) „daß der Anteil der
Mißbrauchserfahrung höher liegen könnte, da viele Jugendliche nicht den
Unterschied zwischen frühen sexuellen Erfahrungen und sexuellem Mißbrauch erkennen würden und darüber hinaus nur ein geringer Prozentsatz
der Fälle aktenkundig wird. (...) Die Langzeiteffekte [sind] von der Dauer
und Häufigkeitdes (sic!) Mißbrauchs sowie dem Alter des Jungens (sic!)
abhängig (..). Gefühle wie Ohnmacht, Vertrauensbruch, Stigmatisierung
und Schuld könnten dazu führen, daß die Jugendlichen durch Prostitution
versuchen, wieder Kontrolle über den eigenen Körper zu erhalten"
(SCHROTT-BEN REDJEB 1991, S. 11).

In fünf Dunkelfeldforschungen von BANGE[IN] (1997) wird deutlich: „Das
Ausmaß des sexuellen Mißbrauchs an Jungen in Deutschland liegt (...) zwischen sechs und 14 Prozent. 20-25% der sexuellen Gewalt gegen Jungen
geschieht innerhalb der Familie (Väter, Onkel, Brüder, Mütter, Tanten,
Großväter), 50-60% geschieht im sozialen Nahbereich (Lehrer, Nachbarn,

---

[38] Daten von *Janus (1984), Weisberg (1985)* u. *McCormack (1986)* entnommen aus:
Bange (1993), S. 132f.; Daten von *Earls (1989)* aus: Schrott-Ben Redjeb (1991), S. 11

Trainer, Erzieher etc.) und 25% der Jungen werden von fremden Tätern mißbraucht. Das Alter der Betroffenen liegt zwischen 0 und 16 Jahren, wobei das Durchschnittsalter der Opfer zwischen 10 und 12 Jahren[39] und das der Täter bis etwa 30 Jahren liegt. Die meisten Täter sind männlich, der Anteil der Täterinnen wird auf etwa 20% geschätzt" (BANGE[IN] 1997, ohne Seitenangabe).

Es ist wohl für einen Mann unvorstellbar, als Junge von einer Frau sexuell mißbraucht zu werden – dies widerspricht einfach allem, was man als Junge über das Geschlechterverhältnis lernt. Und doch passiert es. Dies kann, so bei GLÖER/SCHMIEDESKAMP-BÖHLER (1990, S. 18), eingebunden sein in das mütterliche Sorgeverhalten (bestimmte Form des Waschens, des »Untersuchens« bei Krankheiten an den Geschlechtsteilen etc.).

Zwei Beispiele, wie ein solcher Mißbrauch aussehen kann (BANGE 1993, S. 124):

„Ein 17jähriger Junge, dessen Eltern getrennt lebten, wurde als 10jähriger von seiner Tante oral vergewaltigt. Stockend erzählte er, daß seine Hoden und sein Penis danach schwere Verletzungen aufwiesen."

„Ein 40jähriger Mann erzählte, daß er im Alter von 9 bis 12 Jahren nach dem sonntäglichen Mittagessen immer zu seiner Mutter auf den Schoß mußte. Sie nahm ihn dann von hinten in die Arme und streichelte ihn an den Beinen bis hin zu den Genitalien. Er bekam dabei manchmal eine Erektion."

---

[39] Siehe auch Glöer/Schmiedeskamp-Böhler (1990), S.17 – hier werden ähnliche Zahlen genannt: die Betroffen sind 6-11jährige Kinder, gefolgt von Kindern im Alter von 0-5 Jahren, dann die Gruppe der zwischen 10-14 jährigen.

3.5.1. Exkurs: Sexuelle Erregung beim Opfer durch sexuellen Mißbrauch

Nicht selten kommt es vor, daß sich bei den männlichen und weiblichen Opfern, (wobei hier Bezug genommen wird auf die männlichen Opfer) eine sexuelle Erregung durch den Mißbrauch zeigt. KINSEY[SE] et al. (1948, S. 146) stellten beispielsweise fest, daß „leichte physische Stimulationen der Genitalien, allgemeine körperliche Anspannungen und generalisierte emotionale Situationen zu Errektionen (sic!) führen können, auch wenn keine besondere sexuelle Situation vorliegt" (zitiert nach: BANGE 1993, S. 124). Des weiteren benennt BANGE (1993, S. 124) drei Gründe für die Erklärung, warum Männer in emotional belastenden Situationen sexuell erregt werden können:

(1) Sexuelle Erregung kann ein Teil der allgemeinen körperlichen Reaktion von Jungen und Männern sein.

(2) Sexuelle Reaktionen werden zwar im Gehirn gesteuert, können aber auch unabhängig davon ausgelöst werden. Selbst wenn man nicht erregt werden möchte, kann es durch die körperliche Reizung zu einer Erregung kommen.

(3) Auch Angst kann für einige Männer zu sexueller Erregung führen, hierbei verweist er auf: SARREL/MASTERS[SE] (1982, S. 128ff.).

Bei GLÖER/SCHMIEDESKAMP-BÖHLER (1990, S. 144) heißt es: „Ein weiteres entscheidendes Gefühl der Jungen ist, daß sie sich verraten fühlen: Ein Mensch, den sie gemocht und bewundert haben, dem sie vorbehaltlos vertrauten, hat ihre Sehnsucht nach Liebe und Aufmerksamkeit ausgenutzt, um seine eigenen Bedürfnisse nach Nähe, Wärme, Macht und Sexualität zu befriedigen."

Durch den Mißbrauch fühlen sich die Jungen beschmutzt und schämen sich, es fällt ihnen schwer, darüber zu sprechen. Die folgenden Aussagen sind zusammengefaßt aus dem Artikel von BANGE (1991, S. 140-151) »Sexuell Mißbrauchte Jungen« und dem Buch von GLÖER/ SCHMIEDESKAMP-BÖHLER (1990, S. 26ff.).

Gründe, warum die Opfer über den Mißbrauch schweigen:

» das gesellschaftliche Jungen- und Männerbild (Jungen dürfen keine Schwäche zeigen),

» das Tabu der Homosexualität (die Angst der Jungen, als schwul angesehen zu werden, gleichgeschlechtlicher Mißbrauch als »Beweis« ihrer
Homosexualität),

» die Täter suggerieren den Kindern falsche sexuelle Normen,

» die Täter verpflichten die Kinder zur Geheimhaltung,

» Schuldgefühle, wenn die Jungen Geld oder Geschenke angenommen
haben. Sie fühlen sich mitschuldig, weil sie sich nicht genug gewehrt
haben.

» Schweigen aus dem Gefühl heraus, völlig allein zu sein, und aus
Angst, ihre Familie könnte auseinanderbrechen oder ihnen würde nie-
mand glauben,

» Angst, für den Mißbrauch bestraft zu werden, beziehungsweise vor er-
neuten Übergriffen,

» die Jungen sind besonders irritiert, wenn sie (neben unangenehmen
Gefühlen) auch sexuelle Erregungen spüren oder gar einen Orgasmus
bekommen,

» die Kinder stehen in einem Abhängigkeitsverhältnis zu den Tätern (diese bauen vor dem Mißbrauch emotionale Beziehungen zu den Jungen
auf).

„Der Junge ist durch die sexuellen Übergriffe verstört. Er weiß nicht, warum
der Täter ihm plötzlich über den Po oder den Penis streichelt. (...) Kein
Junge ahnt, daß diese Berührungen bewußt und mit Absicht so »zufällig«
erfolgen. (...) Wem soll er glauben: seinen eigenen Empfindungen oder den
Interpretationen des geliebten Erwachsenen? (...) Viele Jungen hoffen, daß
diese »zufälligen« Berührungen nur »Ausrutscher« waren, die sie durch
besonders zurückhaltendes Verhalten zukünftig vermeiden können"
(GLÖER/SCHMIEDESKAMP-BÖHLER 1990, S. 21).

BANGE (1991, S. 147) konstatiert: „Die sexuelle Ausbeutung ist trauma-
tischer, wenn die Beziehung zwischen Kind und Täter vertraut ist und sie
orale oder anale Vergewaltigungen erleben. Weniger traumatisch sind Erlebnisse mit Exhibitionisten und wenn die Eltern der betroffenen Kinder ihnen Glauben schenken und einfühlsam reagieren."

Ein spezifisches Mißbrauchssyndrom gibt es nicht. Die Folgen sexueller
Gewalt sind genauso vielfältig wie die Gründe für das Schweigen – sie zeigen sich eher in verschiedenen Lebensbereichen der Opfer:

(1) *psychisch*: Angst, Schlafstörungen, Trauer, regressives Verhalten, Depression, Autoaggression, geringes Selbstwertgefühl und Suizidversuche;

(2) *körperlich*: als Hinweise auf sexuellen Mißbrauch gelten unter anderem Verletzungen im Analbereich (Abschürfungen, Hämatome, Analrisse, ungeklärtes Bluten und ähnliches), Geschlechtskrankheiten (Pilze, Herpes, Gonorrhöe, AIDS und ähnliches), Schwellung oder Rötung des Penis;

(3) *sexuell*: Angst vor sexuellen Kontakten, übermäßige Beschäftigung mit Sexualität (altersunangemessene sexualisierte Sprache und häufiges Masturbieren), sexuell aggressives Verhalten, Angst vor der eigenen Homosexualität („Durch abfälliges Gerede über Schwule, durch heftige Anmache von Mädchen oder durch den sexuellen Mißbrauch eines Mädchens soll die Angst vor der eigenen Homosexualität bekämpft werden" (BANGE 1991, S. 146).

(4) *sozial*: Schulprobleme (Schulversagen, Leistungsabfall und Schwänzen), aggressives/delinquentes Verhalten und Isolation.

Angemerkt sei hier, daß die aufgeführten Folgen auf einen sexuellen Mißbrauch hindeuten können, jedoch nicht grundsätzlich als solche angenommen werden dürfen (können auch »Allerweltsleiden« sein). Eine Fehlinterpretation der Merkmale kann fatale Folgen für die Kinder haben.

Die Bedeutung des sexuellen Mißbrauchs für späteres prostitutives Verhalten ist bisher wenig erforscht. Vorliegende Untersuchungen lassen jedoch einen eventuellen Zusammenhang zu. Wer von klein auf erfährt, daß er nur Zuwendung, Geld oder Geschenke bekommt wenn er Sex gibt, der lernt seinen Körper und seine körperliche Attraktivität einzusetzen um dafür Gegenleistungen zu erhalten. Die Verinnerlichung solcher Normen und Werte wie »Sex für Geld« und die Gewöhnung an sexuelle Übergriffe begünstigen die Wahrscheinlichkeit (BANGE 1991, S. 149) sich später auf dem »Sexmarkt« zu verkaufen.

IV.

LEBENSLAGE VON STRICHERN

4.1. OBDACHLOSIGKEIT

Bei MÖBIUS (1990, S. 30) wird beschrieben: „Die meisten Stricher, die in Kontakt mit Streetworkern stehen, sind obdachlos, leben auf der Straße, beim Freier oder – wenn das Geld reicht – in einem Pensionszimmer, das sie sich mit anderen teilen." Bei dem Verein OFF-ROAD-KIDS e.V.[IN] (o.J., S. 1)[40] ist zum Thema:»Straßenkinder« zu lesen, daß es in Deutschland jährlich zwischen eineinhalb- und zweieinhalbtausend Minderjährige gibt, die zeitweise ihr Dasein auf der Straße fristen. Die jüngsten sind acht, die meisten dreizehn Jahre und älter. Sie kommen aus ländlichen Gegenden und suchen die Anonymität der Großstädte. Sie sind geflüchtet vor Miß-handlungen, Mißbrauch und Vernachlässigung und halten sich mit Bettelei, Kleindiebstahl und Prostitution über Wasser. Des weiteren verweist der Verein bei seiner medialen Veröffentlichung auf eine Studie vom DEUTSCHEN JUGENDINSTITUT[SE] (DJI 1995, S. 138) in der folgende Merkmale aus mehr als 40 Expertengesprächen zur Definition von »Stra-ßenkindern« benannt werden (OFF-ROAD-KIDS e.V.[IN]:

» weitgehende Abkehr von gesellschaftlich vorgesehenen Sozialisations-instanzen wie Familie oder ersatzweise Jugendhilfeeinrichtungen,

---

[40] hier zitiert nach: Heinrich „Straßenkinder in Deutschland. Schicksale die es nicht geben dürfte".

» Hinwendung zu Gelderwerb auf der Straße durch Vorwegnahme abweichenden, teilweise delinquenten Erwachsenenverhaltens sowie durch Betteln, Raub, Drogenhandel und Prostitution.

Kinder auf der Straße nennen stichhaltige Gründe für die Aufgabe der letzten Lebensform, viele sind gegangen mit der Begründung: *„Weil ich es zu Hause nicht mehr ertragen habe"* (OFF-ROAD-KIDS e.V.[IN]). Weitere Gründe sind das »Coming-Out« bei den Jungen – das Bekenntnis zur Homosexualität oder auch der »Rausschmiß« aus dem elterlichen Haus. Beziehungslosigkeit, Vertrauensmangel und Vernachlässigung prägen die Biographien der Kinder. In Deutschland treiben Geborgenheits-Mangelfaktoren die Kinder und Jugendlichen auf die Straße – diese erleben und empfinden die Straße (zunächst) »erträglicher« als das zuletzt erlebte Ambiente. Materielle Not (hier ist die von Armut und Kriminalität gekennzeichnete Umwelt gemeint, wie zum Beispiel in Südamerika und anderen Ländern außerhalb Europas) spielt eher eine zweitrangige Rolle. Im Zentrum des Straßenlebens steht die Sicherung des eigenen Überlebens, Prostitution und Diebstähle sind die wesentlichen Einkommensquellen. Im Prostitutionsmilieu findet man nicht selten ordentlich und teuer gekleidete Jungen. Sie finden dann und wann »nette Männer«, die sich »väterlich« um sie kümmern und die Jungen, vielfach in der Hoffnung auf Zuneigung und Zärtlichkeit, neu einkleiden. Ein sauberes, angenehmes Aussehen und Auftreten hegt wichtige Marktvorteile in der Szene. Stricher verdienen, je nach Alter und Aussehen (OFF-ROAD-KIDS e.V.[IN]), zwischen fünfzig und zweihundert Mark pro Freier (vgl. hierzu auch *Tabelle 3 in Kapitel 2.4.5.*).

Die Obdachlosigkeit bringt auch Konsequenzen mit sich. Das Leben auf der Straße ist anstrengend und das Selbstbewußtsein der Kinder sinkt. Vor allem, wenn die Stricher gezwungen sind, sich »unter Wert zu verkaufen« indem sie in ihrer Notlage von Freiern, die gezielt erst spät nachts unterwegs sind und so auf »Preisnachlaß« hoffen, ausgenutzt werden.

4.2. KÖRPERLICHE GESUNDHEIT

4.2.1. Allgemeines

Das Leben auf der Straße bedeutet auch: ohne feste Bleibe zu sein, schlechte Ernährung, Schlafmangel, hoher Alkohol- und Nikotinkonsum, Streß, Verlassenheit und Verzweiflung.
Die häufigsten akuten Gesundheitsprobleme von Strichern werden angegeben mit (FITZNER 1991, S. 96ff.):

» Platzwunden, Schnittverletzungen, Abszesse;
» Erkältungskrankheiten, eitrige Angina, Entzündung der Nebenhöhlen und des Mittelohrs;
» Hautkrankheiten, Krätze;
» Funktionsstörungen durch übermäßigen Alkohol- und Drogenkonsum;
» Hepatitis;
» Geschlechtskrankheiten (Gonorrhöe, Syphilis und andere) sowie HIV-assoziierte Erkrankungen.

Ein Faktor, der ausschlaggebend für den Gesundheitszustand ist, stellt wohl auch die mangelnde Körperhygiene bei den Strichern und auch bei den Freiern dar. In einem Interview mit einem Barkeeper, gleichzeitig auch Freier, der in den siebziger Jahren zum Hamburger Strichermilieu gehörte, heißt es (BADER/LANG, S. 35f.):

> *„Die Jungs müssen ja wenigstens im Intimbereich und an den Füßen sauber sein. (...) Man mußte ihnen sagen, daß sie frische Socken und frische Unterwäsche anziehen sollen. Daß sie nach Schweiß stinken. Daß sie mal duschen oder baden oder ins Schwimmbad gehen. "*

Die mangelnde Körperhygiene ist abhängig von der jeweiligen individuellen Lebenslage, in der sich der Stricher befindet. So bietet das Leben auf der Straße zum Beispiel kaum Möglichkeiten zum Wechseln und Waschen der Kleidung. Auch die psychosozialen Aspekten können Gründe dafür sein: *»weil ich mir nichts wert bin, achte ich auch nicht auf meinen Körper* [d.Verf.]«. Der Verlust an Selbstachtung und das Leben von der Hand in den Mund führen zu Resignation und zur Aufgabe von Zukunftsperspektiven (siehe hierzu *Kapitel 4.8.* dieser Arbeit).

Neben der mangelnden Gelegenheit zur Körperpflege gibt es weitere Faktoren die wesentlich für die allgemeine Gesundheitsproblematik sind und
die Stricher davon abhalten Arztsprechstunden zu nutzen (BADER/LANG
1991, S. 99):
» Sie sind nicht krankenversichert.
» Sie müßten erst zum Sozialamt gehen, um sich einen Krankenschein zu
besorgen.
» Sie werden von der Polizei gesucht und können deshalb keinen Kontakt
zu Behörden aufnehmen.
» Durch Nachtarbeit können sie ihre Termine nicht einhalten.

BADER/LANG (1991, S. 96) betonen: „Der Gesundheitszustand der
Stricher ist so unterschiedlich wie ihre gegenwärtige Lebenssituation und
hängt darüber hinaus in entscheidendem Maße von Faktoren wie Drogen-,
Medikamenten- oder Alkoholmißbrauch und der damit verbundenen Le-
bens- und Körpereinstellung ab. (...) Die Besonderheiten ihres persönlichen
Lebensraumes sind zudem alles andere als hygienisch und krankheits-
verhütend, geschweige denn gesundheitsförderlich."[41]

4.2.2. Geschlechtskrankheiten

Sexuell übertragbare Krankheiten stellen für Stricher – aufgrund der hohen
Anzahl ihrer Sexualpartner – sicher ein Risiko dar. Dennoch gibt es hierzu
keine Studien, die belegen, daß Stricher wirklich stärker betroffen sind als
die Gesamtbevölkerung. SCHICKEDANZ (1979) merkt in seiner Studie an,
daß zwar zahlreiche Forschungsberichte darauf hinweisen, daß Teenager
und Homosexuelle hinsichtlich der Verbreitung von Geschlechtskrankheiten
eine nicht zu unterschätzende Rolle einnehmen, jedoch wird im Bewußtsein
der Öffentlichkeit den weiblichen und männlichen Prostituierten eine noch
größere Gefahrenquelle (gegenüber der »Normalbevölkerung«) in der
Verbreitung zugeschrieben. „Berücsichtigt man schließlich die Daten und
Ergebnisse meiner Untersuchung hinsichtlich der Zusammenhänge von
Promiskuität und Geschlechtskrankheiten, so läßt sich allerdings weder die

---

[41] siehe weiterführend dazu auch: AKSD (2002), S. 8 und Gusy et al. (1994), S.1099

These von der weiblichen Prostitution als Infektionsquelle von Geschlechtskrankheiten noch die These von der »verhängnisvolle(n) Gefahr der
Verbreitung von Geschlechtskrankheiten« (...) durch das »Strichjungenun-
wesen« aufrechterhalten" (SCHICKEDANZ 1979, S. 192f.). Hierbei wider-
legt er die Thesen aus den Untersuchungen von KUHN[SE](1957),
KLIMMER[SE](1965) und REDHARDT[SE](1968), die den sich Prostituierenden eine größere Übertragungsquelle von Geschlechtskrankheiten zu-
schreiben (wobei hier die Infektionsquelle den Dirnen/Huren zugeschrieben
wird und die Strichjungen sich beim heterosexuellen Kontakt mit diesen an-
gesteckt haben sollen), indem er weiterhin konstatiert: „Geht man endlich
von der Tatsache aus, daß zweifellos jeder Proband meines Samples mit
mindestens 300 Sexualpartnern jährlich Geschlechtsverkehr hat, so scheinen selbst die 12 nachgewiesenen Fälle von Geschlechtskrankheiten nur
schwerlich die These (...) stützen zu können" (SCHICKEDANZ 1979, S.
193).

Die Tatsache, daß der Anteil der männlichen Prostituierten als Infektionsquelle weniger alarmierend ist als die der Teenager und Homosexuellen
(so noch bei SCHICKEDANZ 1979 beschrieben), ist wohl darin begründet,
daß sich die männlichen, wie auch die weiblichen Prostituierten, einer regelmäßigen Untersuchung im Gesundheitsamt unterziehen müssen. Hier
muß heute in sofern eingelenkt werden, daß die Pflichtuntersuchung seit
dem Jahr 2001 nicht mehr besteht (mündl. Aussage eines Mitarbeiters von
SUBWAY, bestätigt durch das Gesundheitsamt Stuttgart). Neben den
»klassischen Geschlechtskrankheiten« wie Gonorrhöe und Syphilis treten
auch andere sexuell übertragbare Krankheiten auf, so beschrieben in einem Infoblatt vom DAH[IN] (1998):

» Chlamydien
» Urethritis
» Filzläuse
» Krätze
» Candida
» Herpes
» Feigwarzen
» Hepatitis A (grippeähnliche Symptome die durch Mehrfachimpfungen
   vermieden werden)
» Hepatitis B (ähnlich wie bei Hepatitis A, jedoch schlimmer, auch hier
   Vorbeugung durch Mehrfach-Impfung möglich)

» Hepatitis C (ähnlich A und B jedoch keine Impfung möglich – besonders gefährdet sind intravenös drogengebrauchende Menschen.

4.2.3. Gesundheitsrisiko-AIDS

Stricher sind durch ihre Tätigkeit und ihre Lebenssituation in vielfacher Weise gefährdet. MÖBIUS (1990) kommt in seinen Beobachtungen zu dem Ergebnis, daß es in der Szene der männlichen Prostitution aufgrund von Sexualpraktiken vermutlich zu risikoreichem Sexualverhalten kommt, verbunden mit dem Interesse der Freier an Sex ohne Kondom sowie Verbreitung von Alkohol und Drogen in der Szene. FITZNER (1991) konstatiert: „AIDS wurde erst ab Sommer 1985 ein Thema, (...) die Jungs reagierten darauf so:

Egal, irgendwann müssen wir alle mal in die Kiste springen. – Oder:

Das ist doch eine Schwulenkrankheit, aber ich bin nicht schwul. Ich steh auf Mädchen. – Oder:

Meine Freier sind Familienväter. Die sind sauber. – Oder:

An meinen Arsch lasse ich sowieso keinen ran" (FITZNER 1991, S. 97).

Die Übertragung/Ansteckung mit der Immunschwächekrankheit AIDS kann eine große Rolle im Alltag von Strichern spielen. Besonders durch markante Verhaltensweisen wie ungeschützter Analverkehr und gemeinsame Benutzung von Injektionsnadeln bei intravenösem Drogengebrauch besteht hier ein erhöhtes Ansteckungsrisiko. Die Ansteckungsgefahr ist zwar den männlichen Prostituierten weitgehend bekannt, doch wird sie eher verdrängt. Es ist eine »Schwulenkrankheit« (siehe oben, Aussage eines Strichers) und hat mit passivem Analverkehr zu tun. Mit der Benutzung eines Kondoms oder dem intensiven Beschäftigen mit dem Thema AIDS würden die Stricher, die ihre eigene homosexuelle Identität vehement ablehnen

(Stricher ohne professionelles Bewußtsein)[42], nach außen zugeben, daß sie homosexuell sind, ausgenommen diejenigen, die ihre Homosexualität leben und diese Berührungsängste nicht haben. „Professionell arbeitende Stricher [haben; d.Verf.] in der Regel ein Problembewußtsein und sind auf Safer-Sex-Praktiken und Kondombenutzung eingestellt. Diese Jugendlichen und jungen Männer sehen ihren Körper als Kapitalanlage und sind dadurch motiviert, sich und ihren Körper zu schützen" (AKSD 2002, S. 8). Viele Stricher sind bereit sich auf »riskante Sexualpraktiken« einzulassen, da diese »mehr Geld bringen«, das bedeutet, die Freier zahlen erheblich besser für Sex ohne Kondom.

BLOOR[SE] et al. (1990, S. 21)[43] berichten in ihrer Studie, daß ein Drittel der von ihnen befragten Stricher (N=12) Analverkehr praktizieren. Nur einer benutzt dabei immer ein Kondom; ein anderer führt zwar Kondome in die Verhandlung mit seinen Freiern ein, richtet sich letztendlich aber nach den Wünschen der Kunden. Zwei benutzen nie Kondome. Die Tabelle 7 liefert einen Überblick über den Kondomgebrauch mit männlichen Prostituierten seitens der Kunden. Die Daten beziehen sich auf die Untersuchung von BLOOR[SE] et al. (1990, S. 21) und wurden aus GUSY et al. (1994, S. 1106) entnommen.

Tabelle 7: Gebrauch von Kondomen und Art des Analverkehrs der Kunden

Sexualkontakte mit Strichern	Kunde aktiv mit Kondom	Kunde passiv mit Kondom	Kunde aktiv	Kunde passiv
keinen Sexualkontakt	44,4%	66,7%	11,1%	38,8%
unter 6 Kontakten	27,8%	5,5%	16,6%	16,6%
6-10 Kontakte	5,5%	11,1%	33,3%	27,8%
11-20 Kontakte	5,5%	5,5%	16,6%	5,5%
21-30 Kontakte	5,5%	-	11,1%	-
keine Antwort	11,1%	11,1%	11,1%	11,1%
n=Anzahl der Befragten	n=18	n=18	n=18	n=18

(Eigene Darstellung; Quelle: GUSY et al. 1994, S. 1106)

„Die Interviews mit 18 Kunden liefern wichtige Ergebnisse: 14 Kunden [77,8%, d.Verf.] berichten von aktivem Analverkehr in 141 Fällen in den letzten 12 Monaten, Kondome wurden 60 Mal benutzt. 9 Kunden [50%,

---

[42] wie in : *»Prostitutions-Markt« Kapitel 2.* dieser Arbeit beschrieben
[43] zitiert nach: Gusy et al. (1994), S. 1106; sowie in: Schrott-Ben Redjeb (1991), S. 22 abgedruckt

d.Verf.] geben passiven Analverkehr mit Strichern in 54 Fällen an; Kondome wurden dabei in 30 Fällen benutzt" (GUSY et al. 1994, S. 1106).
GUSY et al. (1994, S. 1106) konstatieren, daß die Autoren in der Pilot-
studie von BLOOR[SE] et al. (1990) vermuten, daß ungeschützter Sex in en-
ger Verbindung mit der Art der Beziehung zwischen dem Stricher und seinem Freier steht. Ungeschützter Verkehr ist demnach wahrscheinlicher,
wenn der Kunde sich mit seinen Wünschen und Forderungen durchsetzen
kann.

Daß Stricher häufiger mit ihrem Wunsch, Kondome zu benutzen, scheitern, bestätigen auch MORGEN THOMAS[SE] et al. (1989, S. 149)[44]: 30 Mal
mußten sich die männlichen Prostituierten darauf einlassen, unsafe Sex zu
praktizieren. In ihrer Studie in Edinburgh wurden 86 Interviews mit Strichern
durchgeführt. Die Autoren kommen zu folgendem Ergebnis (ohne jedoch
nach sexuellen Praktiken zu fragen), wie in Tabelle 8 dargestellt.

Tabelle 8: Kondomgebrauch der Stricher beim Geschlechtsverkehr mit
Kunden

	Antworten	entspricht
immer	63	73,3%
meistens	11	12,8%
manchmal	7	8,1%
selten	-	-
nie	5	5,8%
n=Anzahl der Befragten	86	100%

(MORGEN THOMAS[SE] et al. 1989, S. 149 ; Quelle : GUSY et al. 1994, S.1106)

GUSY et al. (1994, S. 1106f.) sowie WRIGHT (2001, S. 10) gehen davon
aus, daß Stricher aufgrund ihrer sozialen Situation und fehlendem professionellen Selbstverständnis weitgehend bereit sind, auf AIDS-präventive
Maßnahmen zu verzichten – da (wie oben) die Kunden für Sex ohne Kondom mehr Geld zahlen. Die Autoren stützen sich bei dieser Aussage auf die
Untersuchungen von PLEAK & MEYER-BAHLBURG[SE] (1990, S. 569ff.),
LANG[SE] (1989, S. 29) und PLANT et al. [SE] (1990, S. 54f.). Hypothetisch
läßt sich annehmen, daß sich auch in der Zeit von AIDS nichts im Verhalten
der Freier, bezüglich der Benutzung von Kondomen, geändert hat (nach

---

[44] entnommen aus Gusy et al. (1994), S. 1107 sowie in: Schrott-Ben Redjeb (1991), S. 23
abgedruckt; die Tabelle 8 wurde ebenda übernommen

Meinung von 65% der von LANG[SE]1989 befragten Stricher) zumal es keine Studien zum Sexualverhalten in der mann-männlichen Prostitution vor AIDS gibt.

WRIGHT (2001), der eine Bedarfsanalyse in Köln, Düsseldorf und im Ruhrgebiet in bezug auf die Lebenslage von Strichern durchgeführt hat, merkt dazu an: „Bei Sexualkontakten mit Freiern werden in der Regel häufiger Kondome verwendet als bei Sexualpraktiken im privaten Bereich (...). Es ist wahrscheinlich, daß sich Stricher eher über private Sexualkontakte als über Kundenkontakte mit HIV infizieren (...), und möglicherweise sind private Sexualkontakte der Hauptansteckungsweg bei Strichern" (WRIGHT 2001, S. 10). Er geht weiterhin davon aus, daß der Kondomgebrauch von vielen situativen Faktoren abhängig ist. Unter anderem davon, wieviel Kontrolle der Stricher über die Interaktion mit dem Freier hat, wieviel Geld geboten wird, wie die Machtverhältnisse in der Stricher-Freier-Beziehung sind und ob der Stricher eine emotionale Bindung zum Freier empfindet. „Die Interaktion zwischen Stricher und Freier wird möglicherweise in vielen Fällen zusätzlich durch die Verliebtheit seitens des Freiers beeinflußt. Je professioneller Prostituierte ihre Arbeitstätigkeit verstehen, desto wahrscheinlicher ist eine konsequente Durchsetzung des Selbstschutzes und des Schutzes des Kunden beim Sex. Dementsprechend ist bei Callboys der Kondomgebrauch häufiger als bei Strichern. Zur Professionalität gehören ein Selbstverständnis als Dienstleistender in der Sexindustrie und (erworbene) Fähigkeiten, sichere Arbeitsverhältnisse zu gestalten – und, wenn nötig, auch durchzusetzen. Die Lebens- und Arbeitsverhältnisse der meisten Stricher verhindern die Befolgung solcher professionellen Regeln" (WRIGHT 2001, S. 10)[45]. Ein Mitarbeiter von SUBWAY (in einem Gespräch im September 2002) weist darauf hin, daß die meisten Stricher nicht wissen, daß sie sich auch beim aktiven Analverkehr infizieren können, sie haben kein entsprechendes Problembewußtsein. Sie wissen zwar das es AIDS gibt, jedoch fehlt ihnen

die Handlungskompetenz. Stricher befinden sich in einer schwachen Position, leben auf der Straße, arbeiten spät nachts und Freier zahlen auch gern (immer häufiger) mit Rauschmitteln. Aus diesen Gründen benennt

---

[45] Wright bezieht sich bei diesen Aussagen auf die Autoren: *Pleak & Meyer-Bahlburg 1990; Elifsen et al. 1993; Browne & Minischiello 1995, 1996; Estep et al. 1992; Morse et al. 1992; Morgen Thomas 1989; Simon et al. 1992; Tayler 1986; de Graaf et al.1994; Klieber et al. 1995; Heinz-Trossen 1993* – die Autoren sind im Literaturverzeichnis als Sekundär-Literatur mit Titel aufgeführt.

SUBWAY einen »Leitslogan«: Je später die Nacht - desto AIDS-bereiter der Sex.

4.3. SUCHTVERHALTEN VON STRICHERN

Fast alle Stricher unterliegen in irgendeiner Form einer Suchtproblematik. Diese kann sich sowohl im illegalen als auch im legalen Bereich bewegen, wie zum Beispiel Alkohol-, Spiel-, Kaufsucht oder Eßstörungen. Mario, ein Strichjunge, berichtet:

> *„Durchschnittlich verdiene ich im Monat 4000,- bis 5000,- Mark, ohne Probleme. Das meiste verzocke ich. Im Kasino (...). Entweder sauf ich, oder ich spiele. Früher habe ich Drogen genommen, Trips geschmissen, auch mal Heroin probiert"* (BADER/LANG 1991, S. 83).

Der im Zitat angegebene Verdienst ist die subjektive Aussage *eines* Strichers. Aus Erfahrungsberichten der Stricherprojekte scheint dies jedoch nicht die Regel zu sein, gern werden übertriebene Angaben gemacht.

4.3.1. Alkohol

In vielen Studien zur männlichen Prostitution wurde auch das Alkoholverhalten berücksichtigt. Nach den bisherigen Ergebnissen aus dem angloamerikanischen Raum bei ALLEN[SE] (1980)[46] konsumiert die Hälfte der Stricher regelmäßig Alkohol in größeren Mengen.
Alkohol ist als Bestandteil der Stricher-Szene nicht wegzudenken. In den Kneipen trinken alle: die Stricher, die Wirte und die Barkeeper (Interview mit einem Freier, in BADER/LANG 1991, S. 33f.). „Ein besonderes Problem der jungen Männer, die in Clubs anschaffen, besteht in dem Zwang, Alkohol

---

[46] in: Gusy et al. (1994), S. 1097

konsumieren zu müssen. Das ohnehin große Suchtpotential der Jungs wird durch diesen Zwang noch verstärkt" (SUBWAY 2000, S. 12). Als Folgen des hohen Alkoholkonsums sind Steuerungsverlust (in bezug auf die Durchsetzung eigener Interessen), Bereitschaft zu aggressivem Verhalten und Gewalttaten sowie die Gefahr der Abhängigkeit zu sehen.

4.3.2. Drogengebrauch

Es ist schwierig, zum Problemkreis »Illegale Drogen und Stricher« genaue Zahlen anzugeben, da in einigen Untersuchungen unter dem Aspekt des Drogengebrauchs auch Alkohol- und Medikamentenkonsum mit erfaßt wurde. Psychische und soziale Probleme werden in der Regel durch ein Suchtverhalten kompensiert. Im Jahresbericht vom BASIS–PROJEKT (2000, S. 36) heißt es: „Die Süchte beziehen sich auf i.v. [*intravenösen*; d.Verf.] Drogenkonsum, Crack, synthetische Drogen, Alkohol, Tabletten und Spielsucht. Legt man die Definition der WHO zugrunde, ist uns kein Stricher ohne Suchtverhalten bekannt. (...) Konsumenten, die ausschließlich Heroin konsumieren, sind selten geworden. Der Konsum von Kokain (...) hat durch den Preisverfall bei Kokain stark zugenommen. Der Gebrauch chemisch hergestellter Drogen (besonders Ecstasy) hat sich auf einem hohen Niveau etabliert. (...) Neben diesen Drogen (...) jetzt auch die Droge Crack."
Daten, die zur Erhebung des Drogengebrauchs bei Strichern repräsentativ sein könnten, sind für Deutschland nur im Zusammenhang mit minderjährigen Obdachlosen zu finden. Da es keine konkreten Studien in Deutschland zum Thema: »Stricher und ihre Drogen« gibt, beziehen sich die Zahlen in Tabelle 9 (Eigene Darstellung) ganz allgemein auf den Drogengebrauch Minderjähriger in der (Hamburger) Szene. Da viele der Stricher (abgesehen von den meisten Callboys) auch minderjährig und obdachlos sind, können die Daten zumindest für den groben Überblick dienlich sein.
Die Tabelle 9 zeigt, daß die gebräuchlichsten Drogen in Hamburg Crack (34,0%), Cannabis (29,8%) und Heroin/Kokain (23,4%), gefolgt von Ectasy (10,6%) sind. Der Konsumgebrauch illegaler Drogen weist jedoch signifikante Unterschiede in den einzelnen Städten auf.

Tabelle 9: Substanzen und Konsumhäufigkeit illegaler Drogen[47]

	täglich	öfter	selten	nie
Cannabis	29,8%	23,4%	34,0%	12,7%
LSD	0%	12,7%	31,9%	55,3%
Psylocibin	0%	2,1%	23,4%	74,4%
Heroin	23,4%	19,1%	14,8%	42,5%
Crack	34,0%	10,6%	17,0%	38,2%
Kokain	23,4%	21,2%	23,4%	31,9%
Amphetamine	4,2%	17,0%	29,8%	48,9%
Ecstasy	10,6%	25,5%	27,6%	36,1%
Benzodiazepine	0%	12,7%	17,0%	70,2%
Sonstiges	0%	4,2%	14,8%	80,8%
n=47 (Mehrfachnennungen)				

Dies wird bestätigt durch die Untersuchung von WRIGHT (2001)[48]. Nach seinen Ergebnissen ist der Gebrauch der Drogen in den jeweiligen Bundesländern unterschiedlich, jedoch beherrschen Cannabis, Heroin und Kokain, Ectasy, Speed, vereinzelt Pilze und verschiedene »Pillen« die Szene. Er merkt an, daß nicht immer feststellbar ist, „daß ein Stricher in erster Linie der Beschaffungsprostitution nachgeht. Die Identifizierung als »Junkie« schreckt viele potentielle Freier ab, was die Verheimlichung des Drogenkonsums durch den Stricher zur Folge hat" (WRIGHT 2001, S. 55). Dies wäre wohl auch ein Grund dafür, daß es keine genauen Daten zum Drogengebrauch von Strichern gibt. Bei vielen Prostituierten bedingen sich »Anschaffen« und Drogenkonsum gegenseitig. Ob zuerst die Prostitutions- und dann die Drogenerfahrung erfolgte, ist nicht immer ganz klar. GEYER (1991, S. 89) kommentiert hierzu, indem sie zwei Aussagen von Strichern widergibt:

„Früher hieß es oft:
»Ich bin doch nicht blöd und gebe mein Geld für Drogen aus.«

---

[47] BASIS-Projekt (2000), S.17 – Tabelle 9 bezieht sich auf die Daten aus der Befragung von 47 Jugendlichen der Einrichtungen Königstraße 16 A, des Cafe´s Sperrgebiet und des KIDS (15 männliche und 32 weibliche Minderjährige im Alter zw. 14-18 Jahren) in Hamburg.
[48] Siehe auch KISS (2001), S. 5 – vordergründiger Drogengebrauch in Frankfurt wird angegeben mit: Crack, Kokain, LSD, Ecstasy und Tabletten; für Berlin sind Cannabis und Ecstasy vordergründig (mündl. Aussage eines Mitarbeiters von SUBWAY).

Heute heißt es eher:
» *Wenn die Scheiß Droge nicht wäre, würde ich doch nicht anschaffen ge-*
hen.«."

Aufgrund seiner Beobachtungen mit Strichern schreibt MÖBIUS (1990):
„Anschaffen zu gehen ohne vorher einen Joint geraucht zu haben, Alkohol
getrunken oder eine Pille genommen zu haben, scheint auf Dauer nicht er-
träglich zu sein. Es mag sein, daß Scham, Wut und Ekel zu groß und
schmerzhaft werden, um sie nüchtern ertragen zu können" (MÖBIUS 1990,
S. 30).

Man kann zwei Gruppen von drogengebrauchenden Strichern unterscheiden. Bei der einen Gruppe ist die Sucht der Grund für die Prostitution,
bei der anderen Gruppe versuchen die Stricher durch den Drogenkonsum
ihre negativen Gefühle infolge der Prostitution zu verdrängen. Die Tatsache, sich Geld für Drogen durch Prostitution zu verdienen, führt bei manchen Strichern zu ganz spezifischen Problemen. GEYER (1991, S. 89f.)
konstatiert: „Vordergründig wird die Prostitution völlig verdrängt. (...) Die
Jungen äußern dann eine extreme Ablehnung der Freier und ein starkes
Ekelgefühl. (...) Bei denjenigen Strichern, bei denen die Droge eher Neben-
effekt ist, konnte ich diese globale Ablehnung nicht feststellen. Sie beschreiben zwar auch Ekelgefühle, diese beziehen sich aber auf Teilaspekte
wie Unsauberkeit oder bestimmte Sexualpraktiken [von Seiten der Freier, d.
Verf.]".

4.4. PSYCHOSOZIALE SITUATION VON STRICHERN

4.4.1. Entwicklungspsychologische Aspekte

Um ihre Position als Erwachsene in der Gesellschaft zu finden, durchlaufen die heranwachsenden Jugendlichen mehrere Entwicklungsphasen. Die Verunsicherung in der Adoleszenz können sehr massiv sein, was von Pädagogen und Pädagoginnen leicht vergessen wird. Diese Prozesse können mit großen Erschütterungen und Konflikten verbunden sein, die unter Umständen gerade für Stricher besonders schmerzhaft sein können. In der Literatur zum Thema:»Männliche Prostitution« wird einheitlich stark auf die Sozialisation von Strichern eingegangen: Heimerziehung, familiäre Sozialisation, sexuelle Sozialisation, sexuelle Mißbrauchserfahrung und andere. Psychologische Aspekte wie die Entwicklung der Psychosexualität und der Geschlechtsidentität rücken in den Hintergrund. Doch gerade diese Theorien sollten in der Arbeit mit Strichern genauso Beachtung finden. Im EU-Projekt EURO-KOPS (o.J., S. 23ff.)[49], einer Broschüre, die für alle pädagogischen und psychosozialen Fachkräfte erarbeitet wurde (um ihnen weiterführende Hilfen und Adressen im allgemeinen Kontakt mit männlichen Prostituierten und bei speziellen Fragen im Umgang mit dieser Personengruppe zur Verfügung zu stellen), heißt es: „Viele Stricher befinden sich aufgrund massiver Verunsicherung und Erschütterung der Adoleszenz sowie negativer Kindheitserfahrungen in einer Krise. Sie kann als Ausgangspunkt dazu dienen, sich selbst zu helfen oder sich selbst zu verändern. (...) Dieser spezifische Moment der Krise zeigt sich in der Prostitution daran, daß der Klient sich für diese Art der Existenzabsicherung zwar freiwillig, aber nicht autonom hat entscheiden können. Dies wird zum Ausdruck der Unsicherheit für die gesamte Lebenssituation des Strichers. (...) In der Prostitution kann der Stricher eventuell sein Coming-Out als Schwuler erleben, er kann aber auch nur auf der Suche nach der fehlenden Anerkennung der Eltern durch einen Freier sein" (EU-Projekt EURO-KOPS, o.J., S. 23ff.). Dies wur-

---

[49] nach Auskunft eines Mitarbeiters des Stricherprojektes „Marikas" in München ist diese Ausgabe von 1999

de schon bei SCHMIDT-RELENBERG (1975, S. 65) beschrieben: „Die Interaktion mit dem homosexuellen Kunden könnte dem Bedürfnis nach dem Kontakt mit einer »Vaterfigur« entsprechen". Das EU-Projekt EURO-KOPS (o.J., S. 13-25) zieht die psychoanalytische Entwicklungstheorie von MERTENS[SE] (1996, S.133) zur Verdeutlichung heran. Die Tabelle 10 ist diesem Material entnommen.

Tabelle 10: Überblick über die Adoleszenzphasen

Adoleszenzphasen	Altersphasen
Präadoleszenz	10/11 – 12/13 Jahre
frühe Adoleszenz	12/13 – 14/15 Jahre
mittlere Adoleszenz	14/15 – 16/17 Jahre
Spätadoleszenz	16/17 – 19/20 Jahre
Postadoleszenz	19/20 – ca. 25 Jahre

(MERTENS[SE] 1996, S.133; Quelle: EU-Projekt EURO-KOPS, o.J., S. 14)

Die Kindheit kann als überwunden gelten, wenn der Prozeß der Ablösung von väterlichen/mütterlichen Personen und den damit verbundenen infantilen Wünschen – permanent im Mittelpunkt der elterlichen Zuwendung zu stehen – abgeschlossen ist. Während dieser Zeit kommt es auch zur Wiederbelebung von Größenphantasien, die zur Übersetzung und Überschätzung des Selbst führen. Die eigenen erlebten Anteile, wie Aggressionen, Minderwertigkeitsgefühle und als unmoralisch erlebte Phantasien, werden projiziert. Anschließend werden dann die Gesellschaft und deren Repräsentanten als aggressiv, unmoralisch oder minderwertig erlebt (EU-Projekt EURO-KOPS o.J., S. 15), so daß sie sich als Zielscheibe für aggressive Äußerungen Heranwachsender eignen. In der männlichen Spätadoleszenz kann es dann zu einem Konsolidierungsprozeß hinsichtlich der psychosexuellen Entwicklung der Geschlechtsidentität und der Geschlechtspartnerorientierung kommen. Ab diesem Zeitpunkt kann sich der männliche Jugendliche als eindeutig homosexuell bezeichnen und begreifen. In der Postadoleszenz bestimmt das jeweilige Umfeld die Vielfältigkeit möglicher Identitätsentwürfe. Wenn das Umfeld mit einem rigiden Normendruck auf die Bedürftigkeit Heranwachsender reagiert, wird deren Identitätsbildung eingeschränkt. Akute psychosexuelle Konflikte müssen dann von ihnen abgewehrt werden, damit sie Akzeptanz finden. Dem Betroffenen fällt es schwer, seine männliche Identität herauszubilden. Junge Männer können spezifische Schwierigkeiten haben bei der Findung der eigenen schwulen Identität. Bei der Untersuchung von SCHICKEDANZ (1979) kommt er auf Ergebnisse, die ihn darin bestätigen, daß „selbst die sich hetero- bzw. bisexuell einschätzenden Probanden (...) zumindest über ausgeprägte homosexuelle Dispositionen verfügen, ohne die sie nur schwerlich der männlichen Prostitution nachgehen würden. Diese homosexuellen Dispositionen sind zweifellos das Resultat der aus der bürgerlichen Klassengesellschaft resultierenden irrationalen Arbeits- und Verkehrsverhältnisse, die die männlich-homosexuellen Prostituierten infolge der faktischen und/oder funktionalen »Vaterlosigkeit« früher oder später in eine amorphe Geschlechtsidentität hineindrücken. (...) Es bleibt zu vermuten, daß nahezu alle Probanden (...) auf Grund der denkbar trostlosen Identifikationsmöglichkeiten einen erheblichen Identifikationsverlust erlitten, der sie unfähig machte, eigene Entscheidungen zu treffen und sich auf eine bestimmte psycho-soziale bzw. psycho-sexuelle Identität festzulegen" (SCHICKEDANZ 1979, S. 151f.). Männliche Prostituierte scheinen die materiellen Faktoren mehr oder weniger unbewußt in den Vordergrund zu stellen, um die psychischen, letztlich prostitutives Verhalten motivierenden Faktoren besser rationalisieren zu können.

Hier soll „jedoch keinesfalls zum Ausdruck gebracht werden, daß es ausschließlich psychische Gründe sind, die die männlich-homosexuellen Prostituierten dazu motivieren, der Prostitution nachzugehen" (SCHICKEDANZ 1979, S. 151). Zweifellos gibt es auch soziale Faktoren (wie oben beschrieben), welche die Jugendlichen dazu bewegen, ihren Körper der »käuflichen Liebe« zur Verfügung zu stellen. Des weiteren vermutet SCHICKEDANZ (1979), daß das prostitutive Verhalten in der Phase der homosexuellen Entwicklung (des Coming-Out`s) zu suchen ist, da den »proletarischen« Jugendlichen – aufgrund ihrer schwachen Identitätsausbildung und der Diskriminierung homosexuellen Verhaltens – der Zugang zur homosexuellen Subkultur häufig versperrt bleibt. Daß einige männliche Jugendliche sich prostituieren und nicht, wie andere »proletarische« Jugendliche (SCHICKEDANZ 1979, S. 54, zu anderem »dissozialen« Verhalten neigen, scheint in der Tat mit dem Coming-Out zusammenzuhängen. Die Selbstwahrnehmung dieser Jugendlichen als Homosexueller scheint in seiner Form verzerrt.

„Damit scheint nun mehr auch die psychische Voraussetzung prostitutiven Verhaltens gegeben zu sein, die bisher in der einschlägigen Literatur ausschließlich als Phänomen an sich und nicht als mit der ökonomischen

Basis in Wechselwirkung stehende Erscheinung behandelt wurde"
(SCHICKEDANZ 1979, S. 153).

4.4.2. Sexuelle Identität der Stricher

Stricher haben im allgemeinen kaum Kontakte zur Schwulenszene sondern
sind stärker in der »Stricherkneipenszene« verhaftet. „Diese »Stricherkneipenszene« ist zwar eine homosexuelle Szene, jedoch keine schwule Szene. D.h., in der »Stricherkneipenszene« verkehren homo-, bi- und heterosexuelle Männer, die ihre Homosexualität oder ihre homosexuellen Tendenzen nur auf sexueller Ebene leben und diese kaum in schwule Lebensweisen und Identitäten umsetzen. Viele Freier befinden sich in einer heterosexuellen Lebenswelt und leben ihre homosexuellen Tendenzen nur versteckt auf sexueller Ebene aus. Die Stricher werden im Kontakt mit Freiern
von deren Lebensentwürfen und Wertvorstellungen geprägt und übernehmen deren Sichtweise, daß homosexuelle Kontakte nur auf sexueller Ebene legitim seien und folglich nicht »offen« ausgelebt werden dürfen" (EU-
Projekt EURO-KOPS o.J., S. 55).
Die Frage nach der sexuellen Orientierung von männlichen Prostituierten
findet in der wissenschaftlichen Forschung eine verhältnismäßig starke Bedeutung. Informationen und Zahlen zu diesem Thema hängen stark mit der
Entwicklung schwuler Emanzipation und Subkultur, der Akzeptanz von Homosexualität sowie der Auswahl der Befragten zusammen. Die sexuelle
Identität der Stricher ist ein vieldiskutiertes Thema in der Forschung. Einen
Überblick über verschiedene Forschungsergebnisse, in bezug auf die sexuelle Identität von Strichern, liefert die Tabelle 11 (Eigene Darstellung).
Zwar ist daraus zu entnehmen, daß sich der überwiegende Teil der männlichen Prostituierten (ab dem Jahr 1980) als homosexuell bezeichnet, doch
die Thematik ist tiefgreifender als ihre Zahlen belegen. Vielmehr müssen
hierbei die individuellen Lebenslagen der Stricher und die gesellschaftliche
Einstellung zur Homosexualität und die damit auferlegten Normen berücksichtigt werden.
Immer wieder kommt es vor, daß Stricher erst nach längerer Zeit (MÖBIUS
1990, S. 34) eigene bi- oder homosexuelle Tendenzen wahrnehmen und

gegenüber Vertrauenspersonen eingestehen können. Ängste der Stricher vor Diskriminierung, auch in der Schwulenszene, führen zur Isolierung innerhalb der Stricherszene.

Tabelle 11: Vergleich von Forschungsergebnissen zur sexuellen Identität von Strichern[50] (Prozentzahlen wurden auf- bzw. abgerundet)

	n=Anzahl der Befragten	heterosexuell	bisexuell	homosexuell
Schmidt-Relenberg (1975)	n= 38	66%	18%	16%
Schickedanz (1979)	n= 15	53%	13%	33%
Allen[SE](1980)	n= 98	19%	28%	52%
Weisberg[SE](1985)[51]	n= 79	keine Angaben	29%	47%
Boyer[SE](1986)	n= 47	30%	19%	51%
Earls und David[SE](1989)	n= 50	30%	18%	52%
Pleak&Meyer-Bahlburg[SE](1990)	n= 50	24%	26%	50%
Wright (2001)[52]	n=316	19%	21%	53%

Stabile und verläßliche Gruppenstrukturen sowie Vorbilder für eine selbstbewußte schwule Identitätsentwicklung fehlen in der Szene. Gründe für das Fehlen einer solidarischen Gruppenstruktur (EU-Projekt EURO-KOPS o.J., S. 57) sind die hohe Fluktuation (Ortswechsel) und der Konkurrenzdruck. Auch FINK (1997, S. 267) spricht von einem zunehmenden Konkurrenzdruck als Folge des Klimas in der Stricherszene. Des weiteren benennt sie Gewaltanwendung sowie Fremdenfeindlichkeit und Fremdenhaß. Hinzu kommt, daß homosexuelle Stricher in der Szene ständig mit anderen Strichern konfrontiert sind, die sich als heterosexuell definieren und sich diskriminierend gegenüber Schwulen verhalten. Ein Coming-Out gelingt unter diesen Gesichtspunkten nur sehr schwer oder überhaupt nicht. Der mangelnde Kontakt zur Schwulenszene oder zu schwulen jungen Männern außerhalb der Stricherszene erschwert den Zugang zu den schwulen Themen. Die Stricher fühlen sich als »Schmuddelkinder« (EU-Projekt EURO-

---

[50] siehe Schmidt-Relenberg (1975), S. 10-27; Schickedanz (1979), S. 150; *Allen (1980), Boyer (1986); Earls/David (1989) und Plaek&Meyer-Bahlburg (1990)* nach Schrott-Ben Redjeb (1991S. 12) zitiert.

[51] *Weisberg (1985)* In: Stallberg (1990), S. 23 - Weisberg gibt weiterhin an, daß 8% sich als Transvestiten und 4% als transsexuell bezeichnen und daß unter den Jugendlichen, die berufsmäßig der Prostitution nachgehen, kaum noch Heterosexuelle vorkommen.

[52] Wright (2001), S. 14 – seine Untersuchung ist aus dem Jahr 1998 und der Durchschnitt ist angegeben mit, 19% heterosexuell (Spanne 10-25%), 21% bisexuell (Spanne 10-35%), 53% homosexuell (Spanne 45-60%).

KOPS o.J., S. 56) in der Schwulenszene, weil sie dort wenig Anerkennung und Wertschätzung finden. „Zugleich ist zu sehen, daß von den sozialen Gegebenheiten her, es dem Stricher unmöglich erscheint, die eigene Homosexualität zuzugeben, um der sozialen Randständigkeit nicht die sexuelle hinzuzufügen. Deshalb wird nach Möglichkeit diese Tätigkeit verschwiegen. Homosexualität ist ein Makel, den es zu verbergen gilt" (WAGNER 1990, S. 45).

Hinzufügend ist WAGNER (1990, S. 45) der Meinung, daß die Frage nach der eigenen Sexualität des Strichers deshalb wichtig ist, um auch in Gewalt endende Formen (*siehe Kapitel 4.5. dieser Arbeit*) des Kontaktes zwischen Stricher und Freier zu verstehen.

4.4.3. Identitätsprobleme

Betrachtet man zusammenfassend die Sozialisationserfahrungen und die entwicklungspsychologischen Aspekte der Stricher, so wird deutlich, in welchem Maße diese Bedingungen auf die Lebenslage und die Ausprägung der Identität der Stricher wirken.

Viele Stricher verweigern jegliche Diskussionen über Fragen ihrer homosexuellen Identität und reagieren häufig sogar mit massiver Abwehr auf das Thema Homosexualität. „Viele Jugendliche der »normalen« Gesellschaft haben irgendwann einmal homosexuelle Erfahrungen gemacht. In Folge dieser Erfahrungen tragen viele die heimliche Furcht in sich, homosexuell zu sein. (...) Für viele der homosexuellen Jungen haben die schmerzliche Erfahrung, von der Familie verstoßen worden zu sein, und die Auseinandersetzung mit der eigenen Homosexualität in einer überwiegend auf Homosexualität angstvoll reagierenden Gesellschaft bedeutenden Einfluß auf ihr Selbstwertgefühl" (ABLE-PETERSON 1991, S. 163).

Eine Vielzahl der Stricher erlebte in ihrer Kindheit und Jugend negative Sozialisationserfahrungen[53]:

» längere Heimaufenthalte
» sexuellen Mißbrauch
» Gewalt

---

[53] Zusammenfassung aus: *»Sozialisation von Strichern« Kapitel 4. dieser Arbeit.*

» Beziehungsabbrüche
» Alkohol- und/oder Drogenkonsum in der Familie
» Ablehnung durch einen Elternteil.
Die Situation der Stricher ist gekennzeichnet durch:
» fehlende soziale Anbindung an Familie und Freunde
» die Suche nach Geborgenheit, Zuwendung, häufig nach Vaterersatz
» ein fehlendes Selbstbewußtsein bei gleichzeitigem Druck, gegenüber anderen Strichern und Freiern selbstsicher auftreten zu müssen
» Konkurrenzdruck in der Stricherszene
» Abhängigkeitsverhältnisse und Ausnutzungsebenen.
Offensichtlich ist, daß Stricher angesichts der sozialen und psychischen Defizite nur schwerlich eine eigene Identität aufbauen können. „Selbst unter idealen Bedingungen ist die Adoleszenz eine Zeit des Wachstums, des sexuellen Ausprobierens und der Verunsicherung" (ABLE-PETERSON 1991, S. 163).

Beachtet man die vorangehenden Kapitel, wird verständlich, warum viele Stricher mit Identitätsproblemen zu »kämpfen« haben.

4.4.4. Psychische Belastung durch doppelte Stigmatisierung

FINK (1997, S. 265) konstatiert: „Stricher sind in unserer Gesellschaft einer mehrfachen sozialen Diskriminierung und Tabuisierung ausgesetzt (...). Zum einen werden sie als Prostituierte, zum anderen als potentielle oder faktisch Schwule sowie sogenannte »HI-Viren-Schleudern« ausgegrenzt. Moralisierende Einstellungen fördern Sichtweisen, die Strichertätigkeit wie ein Verbrechen darstellenund (sic!) damit Stricher ins gesellschaftliche Abseits treiben." SCHICKEDANZ (1979, S. 198) bemerkt, daß sich die männlich-homosexuellen Prostituierten nicht nur mit einer sozialen, sondern darüber hinaus auch mit einer subkulturellen Diskriminierung und Stigmatisierung konfrontiert sehen, auch innerhalb des prostitutiven Sektors. Ein Stricher gibt in einem Interview bei SCHICKEDANZ (1979, S. 198) an:

„Naja, das ist wie bei den Nutten: son Konkurrenzkampf und Konkurrenzneid. (...), da haut vielleicht so en anderer Stricher mit nem Freier ab, da

werden die sauer, da kommt das: Warum nicht ich, der häßliche Typ, ich seh doch viel besser aus, ich hab nichts und der hat jetzt was, verstehst du, so ungefähr."

Die männlichen Prostituierten werden, wie schon erwähnt, zusätzlich im subkulturellen Milieu selbst stigmatisiert, sie „werden auch innerhalb der Subkultur (...) nur mehr oder weniger zögernd geduldet und hinsichtlich ihres sexuell devianten Verhaltens nur selten positiv bewertet. Statusunsicherheit und Desorientierung, der Verlust an Selbstwertgefühl und Ich-Stärke der Jugendlichen werden zusätzlich begünstigt durch ihre Diffamierungen aus der Subkultur, wodurch ihre soziale Position einmal mehr in die Nähe derjenigen gerät, die gemeinhin als »marginal man«, eben als »Randexistenzen« bezeichnet werden" (SCHICKEDANZ 1979, S. 209).

Auch STALLBERG (1990) spricht von einer mehrfachen Tabuisierung. Er fügt hinzu, daß den Strichjungen keine soziale Nützlichkeit zugestanden wird. Obwohl es eine große Nachfrage nach männlicher Prostitution gibt, scheint dies das Auftreten dieser nicht zu rechtfertigen. Es entsteht eine soziale Distanz dadurch, daß „der Verkauf des Körpers einer minderwertigen Sexualitätsform dient, und sie vergrößert sich noch, wenn diese kommerzielle Hingabe vermeintlich früh, d.h. vor der Entlassung in Eigenverantwortlichkeit erfolgt" (STALLBERG 1990, S. 18).

In der Untersuchung von SCHICKEDANZ (1979, S. 210) rechtfertigt die Mehrheit seiner Probanden ihr Verhalten damit, daß sie eine „»Nachfrage nach käuflicher Sexualität« befriedigen. (...) Sie weisen damit zu recht nicht nur ihr eigenes Handeln als durch die in der bürgerlichen Klassengesellschaft vorherrschenden Geschlechterverhältnisse begründet, sondern darüber hinaus zugleich auch die Erscheinung der männlich-homosexuellen Prostitution überhaupt als soziale Notwendigkeit aus" (SCHICKEDANZ 1979, S. 210).

Desweiteren wird darauf eingegangen, daß den Strichjungen neben dem prostitutiven Verhalten gleichzeitig ein kriminelles Verhalten angehangen wird, welches auf die weitverbreiteten Vorurteile gegenüber Strichern durchgesetzt wird. Hierbei „werden auch den männlich-homosexuellen Prostituierten immer wieder die eigenartigsten Funktionen angedichtet, was zweifellos gleichzeitig das Selbstwertgefühl und den Zusammenhalt der die Vorurteile in Umlauf setzenden Gruppen ganz außerordentlich zu begünstigen scheint" (SCHICKEDANZ 1979, S. 203). Die herrschenden Vorurteile kollidieren mit der persönlichen Einstellung der Stricher. Deshalb grenzen

sie ihr Verhalten gegenüber kriminellen Handlungen ab. Viele der Strichjungen und Callboys machen, so bei SCHICKEDANZ (1979), auf die Bedeutung der männlichen Prostitution aufmerksam und sprechen davon,
„daß ihre Tätigkeit als Prostituierter mit den Aufgaben der in anderen
Dienstleistungen tätigen Personen durchaus verglichen werden könne, da
bekanntlich »Leute wie Sportler oder Tänzer« ebenso ihre Körper verkauf-
ten wie sie, eben nur auf einer anderen Ebene; es sei für sie von daher
auch nicht einzusehen (...) weshalb sie sich auf Grund ihres Verhaltens
»asozial«, »unmoralisch« oder »kriminell« fühlen sollten" (SCHICKEDANZ
1979, S. 210). Hierzu führt er, an selber Stelle, ein Zitat eines Strichers an:

„Warum soll ich mir schlechter oder unmoralischer vorkommen als andere
Leute. Meiner Meinung nach ham wir alle Dreck am Stecken und es gibt
bestimmt keiner (sic!), der sich nicht auch schon mal für irgend etwas ver-
kauft hat. Ich find, daß man sich im Showgeschäft, beim Film oder beim
Theater oder beim Sport genauso verkauft wie bei uns, eben nur auf ande-
rer Ebene."

Desweiteren interpretiert SCHICKEDANZ (1979) die Aussagen der von ihm
interviewten Stricher dahingehend, daß sie durch den Hinweis auf das an-
geblich überall nachweisbare »prostitutive Verhalten« ihre Tätigkeit rationalisieren wollen. Sie halten Anschaffen nicht für kriminell und grenzen sich
positiv gegenüber sogenannten Kriminellen ab, indem sie verständlich machen, daß sie mit der Prostitution niemandem einen Schaden zufügen,
sondern im Gegenteil ein Dienst erwiesen werde, indem „zweifellos zumindest ihr Bemühen um Anerkennung und Ansehen deutlich zum Ausdruck"
SCHICKEDANZ (1979, S. 211) kommt. Die Prostitution dient den Strichern
zur Stabilisierung ihres durch Sozialisation und Diskriminierung korrumpier-
ten Selbstwertgefühls.

4.5. GEWALT DURCH UND GEGEN STRICHER

Über Gewalt in der Stricherszene ist in der Literatur nur sehr wenig zu finden. Zusammenhänge von männlicher Prostitution und Gewalt wird entweder ausgeblendet oder unterliegt der gesamtgesellschaftlich fehlinterpretierten Vorstellung, daß Stricher ihre Kunden erpressen, berauben oder körperlich mißhandeln. Wie schon im vorangegangenem Kapitel beschrieben, ist die Frage nach der sexuellen Identität des Strichers deshalb wichtig, so konstatiert WAGNER (1990, S. 45), „um gerade auch in Gewalt endende Formen des Kontaktes zwischen Stricher und Freier zu verstehen. So ist die Homophobie des Strichers oft eine der Ursachen, wenn es zu Mord und Totschlag eines Freiers kommt. Gerade diese Form des sexuellen Kontaktes ist auch ein Intimkontakt – eben mehr als nur ein Geschäft".

Auch die doppelte Diskriminierung des Strichers, „nämlich als Prostituierte und als potentielle oder faktische Homosexuelle" SCHICKEDANZ (1979, S. 208), könnte eine weitere Ursache sein. So kommt es zu dem merkwürdigen Phänomen, daß sich in der homosexuellen Prostitution die entsprechende Aggression anders ausrichtet als bei der heterosexuellen. DANNECKER/REICHE (1974, S. 131) merken hierzu an, daß das „Objekt sexueller Aggression (..) bei der heterosexuellen Prostitution die Dirne, bei der homosexuellen der Kunde" ist. WAGNER (1990) weist außerdem darauf hin, daß auch die Freier in polizeilichen Recherchen Observierung, Einschüchterung und Registrierung erfahren. Das »Täter-Opfer-Profil« verwischt. Strichjungen können als »Geschädigte« angesehen werden, da sie oft unter 18 Jahre alt sind und somit der sexuelle Kontakt zu ihnen strafbar[54] ist. „Die Kriminalität der Stricher ist oft die Folge des Selbsthasses und des eigenen Tuns: der Freier wird zum Opfer von Aggression. Dies geht von dem sogenannten Ticken der Homosexuellen, also des gewalttätigen Raubes, bis hin zum Mord. Dazu kommen Beischlafdiebstähle, sonstige Diebstähle oder auch Erpressung, wenn der Freier seine Homosexualität geheim halten muß oder will" (WAGNER 1990, S. 47).

---

[54] siehe hierzu: *»Rechtliche Situation« Kapitel 5.* dieser Arbeit

Auch spielt die Gewalt der Strichjungen untereinander eine Rolle. „Auf der einen Seite stehen die schwulen Stricher, auf der anderen die drogenabhängigen, sich nicht schwul definierenden Stricher. (...) Für die sich heterosexuell definierenden Stricher, in der Regel die drogenabhängigen, sind natürlich die schwulen Stricher die Typen, die blöd rummachen, die sich feminin geben. Die fallen denen auf den Nerv. Auf der anderen Seite sehen viele schwule Stricher die drogenabhängigen Stricher als verkommen oder versifft an, die rumhängen wie ein Schluck Wasser in der Kurve. Das ist für die wiederum das letzte. Da gab es schon feindliche atmosphärische Stimmungen" (GUSY et al. 1994, S. 1203f.-Ausschnitt aus einem Interview mit einem Mitarbeiter bei KISS).

Merkmale, die Auslöser für Gewalt sein könnten, werden beispielsweise im AKSD (2002, S. 10) benannt:

(1) *Gewalt durch Freier:*

» Ein Freier will mehr Sex für sein Geld, als vereinbart. Im Extremfall kommt es zur Vergewaltigung.

» Ein Freier verweigert nach dem Sex die Bezahlung. Mögliche Folgen können verbaler Streit oder Schlägereien sein.

(2) *Gewalt durch Ordnungskräfte:*

» Stricher werden von öffentlichen Plätzen und Bahnhöfen vertrieben.

» Stricher werden durch Razzien sowie unzählige Platz- und Hausverbote diskriminiert, sie verdichten zum Strafbestand des Hausfriedensbruchs und führen nicht selten zu Verurteilungen.

(3) *Gewalt gegen andere Stricher und gegen Freier:*

» Gewalt und Mißbrauchserfahrungen bewirken Frustrationen, die sich an anderen Strichern und Freiern entladen.

» Neue Stricher und junge Männer werden in der Szene als unliebsame Konkurrenz angesehen (Freier suchen immer das Neue).

» Die Beziehung zwischen Freier und Stricher ist voll von Aggression, Angst, Ambivalenz, Projektionen und Unsicherheit.

» Heterosexuelle Prostituierte fürchten um ihre Identität in der homosexuellen Beziehung (Verunsicherung in ihrer Männlichkeit führt zu Gewalttaten).

» Erpressungsdelikte gegen Freier sind nach der Aufhebung des generellen Verbots homosexueller Handlungen zurückgegangen, jedoch ist die Dunkelziffer kaum berechenbar.

» Manche Stricher fürchten, daß durch ausländische Stricher (*in Kapitel 4.7. beschrieben*) die Preise »kaputt« gemacht werden könnten.

4.6. SITUATION MINDERJÄHRIGER STRICHER

Ein Teil der minderjährigen Stricher ist aus dem Elternhaus oder aus dem Heim weggelaufen und wird deshalb im Auftrag der Jugendbehörden polizeilich gesucht. Wenn diese Jugendlichen untertauchen, sind sie von der Prostitution in einem starken Maß abhängig. In einer besonders schwierigen Lage sind Kinder und Jugendliche, die unter Ausnutzung ihrer rechtlichen Unselbständigkeit von Zuhältern zur Prostitution gezwungen werden, oder von Freiern als Privatstricher gehalten werden, die eine Art »Vaterrolle« übernehmen indem sie sich für den Jungen verantwortlich fühlen. MILLHAGEN (1986, S. 104f.) kommentiert nach einem Interview mit einem 15jährigen Stricher:

> *„Dieser [ein Freier, d.Verf.] versuchte, Klaus als seinen Privatstricher zu halten, indem er ihm drohte, ihn bei seinen Eltern oder der Polizei zu verraten, wenn Klaus ihn wieder verlassen wollte. Er verbot ihm, weiter auf dem Hauptbahnhof nach Kunden Ausschau zu halten, und gab sich beim gemeinsamen Kneipenbesuch als sein Vater aus. (...) Es dauerte qualvolle Wochen, bis Klaus begriff, daß ihn der Erwachsene gar nicht anzeigen konnte, ohne sich selbst rechtlich zu gefährden. Mit dieser Erkenntnis war das Verhältnis schlagartig beendet."*

Wie auch schon im Kapitel *»Die Pädo-Szene«* (2.3. dieser Arbeit) beschrieben, ist die Kontaktaufnahme zu minderjährigen Strichern oft dadurch beeinflußt, daß sie bei Freiern wohnen und von daher schwer zu erreichen sind. An dieser Stelle sollen noch einmal elementare Merkmale, minderjährige Stricher betreffend, aufgeführt werden.

Minderjährige Stricher (auch beschrieben im AKSD 2002, S. 11):
» sind möglicherweise in höherem Maße gefährdet durch Drogengebrauch und den mühelosen Zugang zu einem kriminellen Handlungsrahmen, was durch Abenteuerlust und Langeweile noch begünstigt wird;
» kennen sich in ihrer rechtlichen Lage nur schwerlich aus und rutschen in Abhängigkeitsverhältnisse zu Erwachsenen, die diese Situation ausnutzen;

» befinden sich im Konflikt zwischen Kindheit und Erwachsensein und suchen Orientierung in Fragen der Pubertät und der sexuellen Identität
sowie nach Anerkennung und Geborgenheit[55];

» leben oft vorübergehend in Obdachlosigkeit[56], da sie von Zuhause oder
dem Heim weggelaufen sind.

» Einige Jungs leben noch bei den Eltern oder in Heimen und gehen der »
verdeckten« Gelegenheitsprostitution nach (sogenannte Diskostricher);
sie sind wenig über die Infektion mit STD´s oder AIDS informiert.

» Viele jüngere Stricher haben typischerweise die Schule beziehungsweise die Ausbildung abgebrochen, was mit einer allgemeinen Orientierungslosigkeit in Fragen der Zukunftsplanung, Freizeitgestaltung, Lebensplanung etc. einhergeht.

4.7. SITUATION AUSLÄNDISCHER STRICHER

In den Jahresberichten von KISS (2001, S. 2) und SUBWAY (2000, S. 3)
wird die Situation ausländischer Stricher beschrieben. Dort heißt es zusammenfassend, daß die Prostitution besonders für Migranten eine Überle-
bensstrategie darstellt, um sich selbst und zum Teil auch ihre Familien in
den Heimatländern finanziell abzusichern. Erschwerend kommt hinzu, daß
einige Migranten vor einer restriktiven Politik im Umgang mit Homosexuellen aus ihren Heimatländern flüchten. Begrenzende Handhabungen und die
Angst vor Abschiebungen können dazu führen, daß die ausländischen Stricher untertauchen. Ein Leben in der Unsicherheit und Angst führen oftmals
zu ganz speziellen schwierigen Abhängigkeitsverhältnissen mit den Freiern.
In der Projektbeschreibung von KISS (ohne Jahresangabe) heißt es, daß
ein Überangebot an Strichern festzustellen ist. Das Preisniveau sinkt, und
die finanzielle Situation der Stricher verschlechtert sich. „Die Rezession in
Deutschland führt dazu, daß käuflicher Sex langsam zu einem Luxusgut
wird. Früher konnten sich die Stricher ihre Freier selbst aussuchen. Jetzt

---

[55] beschrieben in: *»Entwicklungspsychologische Aspekte« Kapitel 4.4.1.* dieser Arbeit
[56] beschrieben in: *»Obdachlosigkeit« Kapitel 4.1.* dieser Arbeit

aber ist das Verhältnis umgekehrt: durch die finanzielle Situation der Freier wird um das Entgelt für die sexuelle Dienstleistung gefeilscht. Innerhalb der Szene hat dies einen zunehmenden Konkurrenzdruck, Gewaltanwendung sowie wachsende Xenophobie zur Folge" (KISS-Projektbeschreibung, o.J.,S. 25).

SUBWAY (2000) merkt an, daß Migranten durch polizeiliche Maßnahmen noch mehr an den Rand der Gesellschaft und in die Kriminalität gedrängt werden. Zudem haben die Jungs, die dem extremen Verfolgungsdruck ausgesetzt sind, „kaum eine Chance auf Gesundheitsvorsorge oder Fürsorge und sind durch Infektionen (Hiv (sic!) und STDs) und Erpressungen seitens der Freier besonders gefährdet" (SUBWAY 2000, S. 3). Aus einem Artikel der Zeitschrift QUER/STRICH (1992b, S. 23) sowie vom AKSD (2002, S. 11) werden bestimmte Charaktere, ausländische Stricher betreffend, im folgenden zusammenfassend beschrieben:

Ausländische Stricher:

» gehen in der Regel nicht selbstbewußt bzw. professionell anschaffen;

» leben in einer ständigen Ambivalenz als »begehrtes Fleisch« und gesellschaftlich Mißachtete;

» gehen oft in Gruppen auf den Strich und haben innerhalb der Gruppe einen hohen Zusammenhalt;

» sind unbeliebt in den Stricherkneipen (Bekanntheit ihrer Streitbereitschaft, drücken die Preise).

» Untereinander kassieren die älteren von den jüngeren eine Schutzgebühr, eine »Solidaritätsabgabe«, und/oder ihnen werden die Ausweise abgenommen, um sie in der Illegalität bewegungsunfähig zu machen und ihnen die Heimreise über die Grenzen zu erschweren.

» Die Ausländerfeindlichkeit in der Szene und in der Gesellschaft stellt eine besondere Belastung für Migranten auf dem Strich dar.

» Sie haben oft keine gültige Aufenthaltsgenehmigung und leben in der ständigen Angst vor polizeilicher Verfolgung, Ausweisung und Wiedereinreiseverbot, zudem fürchten sie Sanktionen in ihrem Heimatland aufgrund ihrer Homosexualität.

» Die medizinische Versorgung erweist sich als besonders gravierendes Problem, da sie in der Regel nicht versichert sind und dadurch keinen Anspruch auf die üblichen Dienstleistungen im Sozial- und Gesundheitswesen haben.

» Die mangelnde Aufklärung über STD´s und HIV in den Herkunftsländern sowie das Streben nach schnellem Gelderwerb sind weitere Faktoren, weshalb sie in stärkerem Maße der Gefährdung einer HIV-Infektion ausgesetzt sind.

Aus der Fragebogenaktion (Eigene Erhebung, siehe Graphik 11 im Graphikanhang), durchgeführt im September 2002 im Rahmen der vorliegenden Arbeit, geht hervor, daß der Anteil ausländischer Stricher für 2001in:

»   Berlin bei 50% von ca. 600 erreichten Stricher im Projekt,

»   München ca. 80% (keine Angaben zur Gesamtzahl)[57],

»   Köln bei ca. 30% von 914 gesichtete Jungs im Milieu (die Gesamtzahl mit 914 Stricher ist in der eigenen Erhebung wesentlich höher als in der Studie von WRIGHT (2000) in *Kapitel 2.4.2.*, Erläuterung hierzu ebd.),

»   Frankfurt bei ca. 50% Migranten, von 175 erreichten Jungs im Projekt,

»   Stuttgart ca. 30% von 80-100 Strichern,

»   Hamburg bei ca. 30% von ungefähr 500 erreichten Jungs, liegt.

4.8. ZUKUNFTSPERSPEKTIVEN VON STRICHERN

Über die Zukunftsperspektiven der einzelnen Stricher läßt sich nur spekulieren, so BADER/LANG (1991). Sie vermuten: „Männliche Prostituierte, die nicht mehr anschaffen gehen, versuchen den Einstieg in ein mehr oder weniger bürgerliches Leben. Die Möglichkeit, eine berufliche Karriere aufzubauen, haben nur wenige. Andere werden drogenabhängig und infolgedessen kriminell, um den Drogenkonsum finanzieren zu können. Einige sterben an einer Überdosis Heroin oder an AIDS. Wieder andere verbleiben im Milieu als Barkeeper, Zuhälter, Türsteher oder Laufburschen" (BADER/MÖBIUS 1991, S. 14). Tatsache in unserer Gesellschaft ist die allgemein geringere Zukunftsperspektive von Arbeiterkindern, sie spiegelt die relativ größere ökonomische Unsicherheit der Arbeiter gegenüber anderen sozialen Klassen wider. SCHMIDT-RELENBERG et al. (1975, S. 239f.) beschreiben die Situation folgendermaßen: „Einige Jungen entwickeln (...) durchaus realistische Vorhaben für die Zukunft, aber sie sind auch auf kür-

---

[57] *Zur Orientierung*: für die Bedarfsanalyse von Wright (2001, S. 15) lieferte das Projekt in München die Gesamtzahl von 400-500 Strichern bezogen auf das Jahr 1998.

zere Zeitspannen angelegt; andere reproduzieren die gesellschaftlichen Klischees der gutbürgerlichen Berufs- und Familiensituation." Sie wünschen sich eine »heile Welt« und einen angesehenen Beruf (z.b. Programmierer) sowie ein harmonisches, ruhiges Familienleben. Einige Jungen sehen ihre Zukunftsperspektiven realistisch, daß heißt, ihnen ist bewußt, daß ihnen, bei ihren Vorraussetzungen, eine bürgerliche Existenz verschlossen bleibt. Sie machen sich keine Illusionen und streben einigermaßen stabile Lebensverhältnisse an. Heterosexuelle Jungen »träumen« von einer eigenen Familie. „Für homosexuelle Strichjungen ist die Zukunft noch weniger greifbar als für heterosexuelle. Die Gesellschaft bietet für die Erwachsenen die Familie als einzigen sozial akzeptierten und letztlich verbindlichen Rahmen persönlicher Selbstverwirklichung außerhalb des Berufes an. (...) Homosexuelle können sich als Randgruppe nicht in den genormten Bahnen persönlicher Lebensführung orientieren. Homosexuelle Strichjungen, die zudem auch die Anpassung an die Arbeitswelt nicht vollzogen haben, bilden somit erst recht eine Randgruppe, die gezwungen ist, ohne eine akzeptierbare Perspektive für die Zukunft den Existenzkampf in einer sie ablehnenden Gesellschaft zu führen. Sie sind von vornherein auf eine Subkultur angewiesen, die bereit ist, sie zu tragen" (SCHMIDT-RELENBERG et al. 1975, S. 248).

Das Lebensschicksal (z.B. außerfamiliäre Sozialisation, geringere Schul- und Berufsbildung) und die gegenwärtige Situation (der Prostitution nachgehen, junges Alter) läßt die Jungen in den meisten Fällen für ihr Lebensalter recht unklare Vorstellungen über ihre Zukunft haben. „Planen für die Zukunft setzt Vertrauen und Sicherheit in der Gegenwart voraus. Es erfordert außerdem Vorbilder und Ziele, alles Momente, die wesentlich von einem relativ kontinuierlichen und von tragfähigen persönlichen Beziehungen bestimmten Erfahrungshintergrund abhängen, in denen die Zukunft als machbar und mit erstrebenswerten Möglichkeiten ausgestattet eingegangen ist" (SCHMIDT-RELENBERG et al. 1975, S. 239).

Ein Großteil der Stricher äußert immer wieder, aus der Prostitution aussteigen zu wollen. Deutlich wird jedoch, daß für viele die Chance, den Ausstieg kurzfristig zu schaffen, nicht groß ist. Bei SCHMIDT-RELENBERG et al. (1975, S. 241) heißt es: „Die meisten der von uns befragten Strichjungen haben das Anschaffen schon mehrmals unterbrochen, aber die soziale Lage hat sie doch immer wieder zu einer Rückkehr in die Prostitution gezwungen."

Ausstiegsschwierigkeiten müssen in der Gegenwart nicht mehr zwangsläufig sein. In den letzten Jahren haben sich Aus- und Umstiegshilfen in Form von Projekten entwickelt, wohl auch ein Verdienst der Stricherprojekte, die es dem ausstiegswilligen Prostituierten ermöglichen den Ausstieg auf Dauer zu schaffen. Die Wohn- und Arbeitsprojekte sind mit der Zielgruppe vertraut, ihre Hilfen setzten da an, wo es für den Einzelnen nötig ist. Bis zum Alter von 25 Jahren haben männliche Prostituierte die Möglichkeit, in die Projekte aufgenommen zu werden und eine Berufsausbildung nachzuholen, um dann auf dem Arbeitsmarkt bestehen zu können.

V.

RECHTLICHE SITUATION

In der Bundesrepublik Deutschland ist Prostitution an sich nicht strafbar. Diese Regelung gilt allerdings nur für Deutsche uneingeschränkt, Migranten aus nicht EG-Ländern machen sich strafbar. In großen Teilen der Gesellschaft herrscht eine weitgehende Unkenntnis oder Unsicherheit über die tatsächliche rechtliche und soziale Situation von Prostituierten und Strichern. Somit war und ist die Prostitution in der Gesellschaft noch immer ein tabuisierter, vorurteilsbelasteter Bereich.

Trotz grundsätzlicher Straffreiheit für Prostituierte existieren eine Reihe von Bestimmungen, die in Zusammenhang mit der Prostitution stehen und diese so kriminalisieren, Freier machen sich nach wie vor strafbar.

Dieses Kapitel soll in einem groben Abriß über die rechtliche Stellung von Strichern und Freiern informieren sowie Rechtsgebiete nennen, die für die Stricherarbeit relevant sind.

Die neueste Entwicklung auf diesem Gebiet ist in dem Gesetz zur Regelung der Rechtsverhältnisse der Prostituierten (Prostitutionsgesetz[58]-ProstG) zu sehen, welches am 1.1.2002 in Kraft trat. Durch das ProstG soll die rechtliche und soziale Stellung der Prostituierten verbessert werden. Das Gesetz umfaßt zwar nur 3 Artikel, verfügt aber über eine enorme Tragweite. Der Gesetzgeber hat damit ein bislang als (fast) unverrückbar geltendes Dogma in der Rechtssprechung beseitigt, nämlich die Sittenwidrigkeit des Geschlechtsverkehrs beziehungsweise sonstiger sexueller Handlungen gegen Entgelt. Denn gemäß § 1 ProstG werden Forderungen

---

[58] siehe Gesetzestext zur Neuregelung im Anhang dieser Arbeit

für solche Dienstleistungen endlich als rechtswirksam anerkannt, was bei sittenwidrigen Rechtsgeschäften bisher nicht der Fall gewesen ist (§ 138 BGB).

(1) *Sittenwidrigkeit der Prostitution*:

Nach der Neuregelung ist das am häufigsten vorkommende Geschäft, der Vertrag zwischen Prostituierten[59] und Freiern über die Leistung von Sex gegen Entgelt, nun nicht mehr gemäß § 138 I BGB als sittenwidrig zu bewerten. Bis zum 1.1.2002 war ein solches »sittenwidriges« Geschäft gemäß § 138 I BGB nichtig und verpflichtete auch zu nichts. Bisher konnten zwar Freier die nicht erbrachte Leistung einklagen – im Gegensatz dazu hatten jedoch die Prostituierten keinen einklagbaren Anspruch auf das vereinbarte Geld. Ein Freier, der den Stricher/die Prostituierte um das vereinbarte Entgelt prellte, machte sich somit nicht einmal des Betruges gemäß § 263 StGB strafbar. Jetzt begründet eine derartige Vereinbarung auch eine rechtswirksame Forderung für die Prostituierten und somit einen rechtlich durchsetzbaren Anspruch auf Bezahlung ihrer Tätigkeit.

(2) *Betrug*:

Die bisherige Bewertung als sittenwidrig in der herrschenden Rechtsprechung hatte schwerwiegende Folgen für die materielle und soziale Existenzsicherung der Betroffenen. Prostituierte hatten wegen der Nichtigkeit der zwischen ihnen und den Kunden getroffenen Vereinbarungen keinen rechtlich durchsetzbaren Anspruch auf Bezahlung ihrer Tätigkeit. Durch die Verbesserung der rechtlichen Stellung der Prostituierten soll den in diesem Bereich oftmals vorherrschenden kriminellen Begleiterscheinungen, die auch dem Bereich der organisierten Kriminalität zugerechnet werden müssen, die Grundlage entzogen werden.

„Hierzu wird nun im Gesetz eindeutig geregelt, daß Prostituierte einen Anspruch auf das vereinbarte Entgelt haben, wenn sie ihre Leistung erbracht haben. Die Vereinbarung verstößt nicht gegen die guten Sitten. Eine Anwendung nach § 138 Abs. 1 BGB auf diese Vereinbarung soll damit ausgeschlossen werden" (DEUTSCHER BUNDESTAG – 14. Wahlperiode, *Drucksache im Anhang dieser Arbeit*). Somit machen sich die Freier nun nach § 263 I StGB im Sinne von Betrug strafbar und werden mit Freiheitsstrafe bis zu fünf Jahren oder mit Geldstrafe bestraft, wenn sie dem Stricher oder der Prostituierten den vereinbarten Lohn vorenthalten.

---

[59] Die im folgenden verwendete Bezeichnung *Prostituierte(n)* bezieht sich auf die männlichen sowie die weiblichen Prostituierten.

(3) *Arbeits- und Sozialrecht*:

Mit der Neuregelung zur Besserstellung der Prostitution erhalten die Prostituierten zwar Ansprüche auf Umschulung und Wiedereingliederung in den Arbeitsmarkt sowie auf Leistungen der gesetzlichen Gesundheitsversorgung, der Arbeitslosen- und Rentenversicherung/Sozialversicherung (§ 3 ProstG). Der Nachteil ist: Stricher müssen sich nach wie vor freiwillig Rentenversichern (mündl. Aussage eines Mitarbeiters von SUBWAY). Erfaßt werden dabei sowohl die selbständig Tätigen als auch die im Bordell Arbeitenden[60], Arbeitsverträge zwischen Bordellbesitzern und Prostituierten sind nun nicht mehr sittenwidrig. Durch die Streichung des § 180a Abs. 1 Ziffer 2 StGB[61] sind die Prostituierten rechtlich abgesichert.

Mit dem Zugang zu den Sozialversicherungssystemen wird neben dem individuellen Vorteil für die Stricher und die Prostituierten auch ein gesellschaftlicher Vorteil für die Prostituierten erzielt. Durch die Einzahlung in die Sozialversicherungssysteme finanzieren die abhängig beschäftigten Prostituierten (die in Bordellen arbeiten) ihre Existenzsicherung bei Krankheit, Arbeitslosigkeit oder im Alter mit, ohne in diesen Fällen auf staatliche Unterstützungsleistungen angewiesen zu sein. Grundsätzlich erhalten Stricher keine Sozialhilfe, da ihr Verdienst als Einkommen im Sinne des § 76 BSHG gilt. In der Praxis der Sozialämter wird aber berücksichtigt, daß die Einkünfte aus der Prostitution ungewiß sind und daß die Stricher eine sichere Existenzgrundlage brauchen, die auch den Ausstieg aus der Prostitution erleichtert. Deshalb wird ihnen teilweise Hilfe zum Lebensunterhalt gewährt. Für Stricher sind auch die Übernahme der Unterkunftskosten nach § 12 BSHG sowie Krankenhilfe nach § 37 BSHG von großer Bedeutung.

(4) *Sperrbezirke*:

Aufgrund Art. 297 EGStGB »Verbot der Prostitution«, sind die Länderregierungen dazu ermächtigt, sogenannte Sperrgebietsverordnungen (i.V.m. § 120 OwiG) zu erlassen. Der Erlaß der Sperrgebietsverordnungen ist Ländersache beziehungsweise Angelegenheit der Kommunen, somit sind Prostituierte in den verschiedenen Bundesländern auch unterschiedlich ausgestalteten Sperrgebietsverordnungen unterworfen. Alle Bundesländer mit Ausnahme von Berlin haben von der gesetzlichen Möglichkeit des Art. 297 EGStGB Gebrauch gemacht und Sperrgebiete eingeführt.

---

[60] siehe uni-halle, S. 29 - Internetquelle
[61] siehe Deutscher Bundestag -Begründung zu Artikel 2- im Anhang dieser Arbeit

Sperrgebietsverordnungen sind Instrumente zur Reglementierung der Prostitution. Dadurch werden Prostitutionsformen wie Straßenstrich oder Bordell- und Barprostitution mit Außenwirkung unmöglich gemacht und quasi in die Illegalität gedrängt. Die Prostituierten werden somit häufig ins kriminelle Milieu mit hineingezogen (UNI-HALLE[IN]o.J., S. 18), aus dem es fast unmöglich ist, wieder herauszukommen. Zu kritisieren ist, daß man nicht auf der einen Seite die Sittenwidrigkeit abschaffen und auf der anderen Seite Prostituierte weiterhin reglementieren und in bestimmte Zonen abdrängen kann. Des weiteren ist zu bezweifeln, ob der in Art. 297 EGStGB beabsichtigte Schutz »der Jugend und des Anstandes« heutige Sitten- und Moralvorstellungen widerspiegelt. In der heutigen Gesellschaft ist Sex ein Massenartikel, der einem überall begegnet. Vor allem in den Print- und Bildmedien wird in nie dagewesener Weise ein derart freizügiges Bild menschlicher Sexualität verbreitet, daß nicht davon die Rede sein kann, daß die Bevölkerung vor dem »Anblick« der Prostitution geschützt werden muß, denn die Prostitution bildet lediglich einen Aspekt des vermarkteten Sexuallebens der modernen Gesellschaft.

Um speziell Kinder und Jugendliche zu schützen, gibt es den § 184b StGB, »Jugendgefährdete Prostitution«, wonach die Prostitution in der Nähe von Schulen, anderen Örtlichkeiten und Häusern, in denen sich Personen unter achtzehn Jahren aufhalten oder wohnen, untersagt ist und mit Freiheitsstrafe bis zu einem Jahr oder Geldstrafe bestraft wird. Wie bereits oben zu Art. 297 EGStGB dargelegt, kann der Auffassung, Prostitution und ihre Wahrnehmung stelle eine Gefährdung für Jugendliche dar, nicht ganz gefolgt werden. Sexuelle Kontakte an sich werden heute im Bereich der Jugendforschung nicht mehr als Gefahr für Jugendliche gewertet. Die Konfrontation Jugendlicher mit Sexualität gehört heute zu den normalsten alltäglichen Erfahrungen. Angesichts der Allgegenwart und Formenvielfalt von Sex und dessen offensichtlichem Stellenwert in der Gesellschaft erscheint zumindest der Schutz von Jugendlichen als überholt. Trotz der Abschaffung der Sittenwidrigkeit ist es bei Kindern wohl angebracht, diese weiterhin vor Konfrontationen mit der Prostitution zu schützen. Man sollte darüber nachdenken, so kommentiert eine Publikation von der UNI-HALLE[IN](o.J., S. 45), den § 184b StGB dahingehend zu ändern, daß man das Höchstalter der Jugendlichen/Kinder (die es vor dem Anblick der sich zu Prostituierenden zu schützen gilt) von 18 Jahren möglicherweise auf 14 oder 12 Jahre senkt.

(5) *Ausländische Stricher:*
Ausländer benötigen zur Einreise in die Bundesrepublik ein Visum. Dessen Gültigkeit ist auf drei Monate beschränkt, es kann auf insgesamt sechs Monate verlängert werden. Angehörige die in der sogenannten Positivliste[62] (Auflistung der Länder, z.B. Niederlande, Polen, Schweiz etc.) aufgeführt sind, dürfen ohne Visum einreisen. Jedoch nicht, wenn sie in Deutschland ihrem Beruf (dem der Prostitution) nachgehen wollen. Nach Auffassung der Gerichte stellt die Ausübung der Prostitution eine Erwerbstätigkeit nach § 12 Abs. 1 DVAuslG dar. In der Verordnung heißt es: „Erwerbstätigkeit (...) ist jede selbständige und unselbständige Tätigkeit, die auf die Erzielung von Gewinn gerichtet oder für die ein Entgeld vereinbart oder üblich ist (...)" (§ 12 Abs. 1 in der Anlage I der DVAuslG). „Andererseits wird Strichern und Prostituierten aus EG-Ländern eine Aufenthaltserlaubnis/EG mit der Begründung verweigert, die Ausübung der Prostitution sei keine Erwerbstätigkeit im Sinne von § 4 AufenthG/EWG" (SchwIPS 1992, S. 120).

Stricher und Prostituierte werden im Ausländerrecht, wie in allen anderen Rechtsbereichen, besonders benachteiligt. „Ausländische Stricher und Prostituierte benötigen deshalb [Anm. d.Verf.: *wenn sie hier ihren Beruf ausüben wollen*] für die Einreise ein Visum (...). Reisen sie ohne Visum ein, werden sie bestraft [Anm. d. Verf. *nach § 92 Abs. 1 AuslG - wenn sie sich ohne Genehmigung in Deutschland aufhalten*]. Außerdem kann dieser Verstoß nach § 46 Nr. 2 AuslG zu ihrer Ausweisung führen" (SchwIPS 1992, S. 120). Jedoch, weder die Prostitution an sich noch eine mögliche HIV-Infektion stellen einen zwingenden Ausweisungsgrund dar. Die Aufenthaltserlaubnis/EG darf nur dann entzogen werden, wenn eine meldepflichtige Krankheit (nach § 3 BSeuchG[63]) nachzuweisen ist. „Da AIDS keine meldepflichtige Krankheit ist, berechtigt eine HIV-Infektion oder AIDS-Erkrankung nicht die Entziehung der Aufenthaltserlaubnis/EG" (SchwIPS 1992, S. 112).

(6) *Sexualstrafrecht und Prostitution Minderjähriger:*
Freier machen sich strafbar (BRUNS 1991, S. 136ff.), wenn sie sich mit Jungen unter vierzehn Jahren einlassen. Sexuelle Handlungen mit Kindern bis zu vierzehn Jahren werden nach § 176 Abs. 1 StGB mit Freiheitsstrafe

---

[62] siehe Anlage I zu § 1 Abs. 1 der Durchführungsverordnung zum Ausländergesetz (DVAuslG)

[63] Seit dem 01.01.2001abgelöst durch das Infektionsschutzgesetz (IfSG) – in § 6 werden die meldepflichtigen Krankheiten und in § 7 die meldepflichtigen Infektionen, darunter AIDS aufgeführten.

von sechs Monaten bis zu zehn Jahren, in minder schweren Fällen mit Freiheitsstrafe von einem Monat bis zu fünf Jahren oder mit Geldstrafe geahndet. Kommt es zum Anal- oder Oralverkehr, ist die Strafe in der Regel Freiheitsstrafe von einem Jahr bis zu zehn Jahren. Vor dem Wegfall des § 175 StGB (Mitte der 90er durch den omnisexuellen §182 StGB ersetzt), waren homosexuelle Kontakte über achtzehnjähriger Männer mit unter Achtzehnjährigen strafbar. Zur Regelung des § 182 StGB ein praktisches Beispiel aus einem Gespräch mit W. WERNER, einem Mitarbeiter von SUBWAY:

Der kommerzielle sexuelle Kontakt eines Freiers mit einem Stricher unter 18 Jahren ist für den Freier strafbar, jedoch Sex mit einem Jungen ab 16 Jahren (ohne Entgelt) ist nicht strafbar (§ 182 StGB - omnisexuell). Es gibt eine sogenannte »Grauzone« in der Altersspanne. Das bedeutet: der Sex zwischen einem 13jährigen und einem 15jährigen oder einem 15jähriger und einem 17jährigen Jungen ist nicht strafbar. Jedoch bei sexuellem Kontakt zwischen einem 16jährigen (oder jünger) und einem 23jährigen (oder älter) macht sich der 23jährige strafbar. Der minderjährige Stricher macht sich nie strafbar. Die Grauzone liegt zwischen 14-16 Jahren, die Jungs in diesem Alter haben ein eingeschränktes Bestimmungsrecht, d.h. die Polizei muß nachweisen, daß der Junge Geld für seine Dienste nimmt, wenngleich er das Gegenteil behauptet. Meistens wird vom Jugenddienst (Unterbringung im Heim etc.) abgesehen. In Deutschland gibt es das Nord-Süd-Gefälle, d.h. in Bayern wird stärker verfolgt als in Berlin. Es gibt den »Münder« und das »Bayrische Gesetz« – angewendet wird hauptsächlich das Bayrische.

(7) Stricherarbeit und Jugendrecht:
In der Arbeit mit minderjährigen Strichern, die von ihren Eltern bzw. aus einem Heim weggelaufen sind, müssen die sorgerechtlichen Bestimmungen beachtet werden. Häufig stehen die Interessen der jugendlichen Stricher bzw. der SozialarbeiterInnen, die sie begleiten, im Widerspruch zu Absichten der Eltern, HeimerzieherInnen und Jugendämter. Aus pädagogischer Sicht ist ein System kurz- und langfristige Aufnahme jugendlicher Stricher in betreute Wohnformen zu befürworten.

Für die Praxis der Stricherarbeit spielen Kinder- und Jugendhilferecht, Jugendstrafrecht sowie Betäubungsmittelrecht eine große Rolle. Der § 13 KJHG bietet jungen Menschen (bis 27 Jahren) sozialpädagogische Hilfen

zur schulischen und beruflichen Ausbildung, Eingliederung in die Arbeitswelt und soziale Integration.
Die intensive Ausstiegshilfe/Maßnahme hört bei 16 Jahren auf, wobei es zwischen 16 und 18 Jahren die Verwahrung (Jugendwohnen, WG) gibt, danach werden sie in die Sozialhilfe entlassen. Das KJHG ist Ländersache und wird durch die Kommunen finanziert. Ab 18 Jahren läuft alles über das BSHG. Hilfen zum Ausstieg aus der Prostitution sollten also rechtzeitig vor Überschreiten der Altersgrenze begonnen werden.

Anmerkung:
Die Stricherprojekte geben in der FA (2002) an, daß die Neuregelung des ProstG keine Auswirkungen auf die Stricherszene hat, wenn überhaupt dann eher im negativen Bereich, da Minderjährige und Migranten (ohne Aufenthaltsgenehmigung) kriminalisiert bzw. ausgegrenzt werden. Für Behörden und die Staatsanwaltschaft gibt es keine Ausführungsbestimmungen und Verwaltungsvorschriften. Behörden (Finanzamt) können Nachzahlungen bis 5 Jahre rückwirkend verlangen. Ein Beispiel: Wenn ein Stricher/Callboy seine Wohnung seit 4 Jahren angemeldet hat, geht das Finanzamt davon aus, daß er seit 4 Jahren Einnahmen aus der Prostitution hat, und kann diese rückwirkend verlangen. (Der Bundesverband der Puffbesitzer rät daher bloß nicht anmelden!) Die Etablierung des ProstG hat in den Niederlanden 10 Jahre gebraucht - in Deutschland ist das Gesetz noch sehr undurchsichtig. Es ist höchst fragwürdig, ob sich überhaupt jemand anmeldet. Selbst im Callboy-Bereich ist kaum jemand bereit offiziell als Prostituierter zu arbeiten, keiner möchte sich in seiner privaten Umgebung outen.

VI.

SOZIALE ARBEIT IN DER

STRICHER-SZENE

6.1. ALLGEMEINE MERKMALE UND AUSRICHTUNG DER STRICHERPROJEKTE

Das oberste Ziel der Stricherprojekte ist, sozialpädagogisch und gesundheitsfördernd (HIV-/AIDS-/STD-präventiv etc.) zu arbeiten, um die Lebensverhältnisse der männlichen Prostituierten zu verbessern. In den einzelnen
Projekten wird ihnen die Möglichkeit geboten, professionelle und unbürokratische Hilfe in Anspruch zu nehmen. Darüber hinaus wird durch Aufklä-
rungs- und Multiplikatorenarbeit Einfluß auf andere Szenebeteiligte (Knei-
penwirte und Freier), auf soziale Einrichtungen (z.B. Jugend-, Sozial- und
Gesundheitsamt) und die Öffentlichkeit genommen, damit die Interessen
von Strichern in der Gesellschaft stärker wahrgenommen und berücksichtigt
werden.

Der AKSD (2002) weist in seiner Broschüre »*Leitlinien für die soziale
Arbeit mit Strichern*« darauf hin, daß sich die Arbeit der Stricherprojekte als
gesundheitsfördernd versteht, die nach der WHO-Definition auf die Maßnahmen zum Erhalt und zur Verbesserung der Gesundheit gerichtet ist. Der
Schwerpunkt in der Stricherarbeit wird dabei auf die Stärkung der Ressourcen von Einzelnen und Gruppen gelegt, um soziale, psychische und physi-

sche Widerstandskräfte zu mobilisieren. In der Definition der World Health Organisation (WHO, im AKSD 2002, S. 13) heißt es: „Gesundheitsförderung zielt auf einen Prozess, allen Menschen ein höheres Maß an Selbstbestimmung über ihre Gesundheit zu ermöglichen und sie damit zur Stärkung ihrer Gesundheit zu befähigen. Um ein umfassendes körperliches, seelisches und soziales Wohlbefinden zu erlangen, ist es notwendig, dass sowohl Einzelne als auch Gruppen ihre Bedürfnisse befriedigen, ihre Wünsche und Hoffnungen wahrnehmen und verwirklichen sowie ihre Umwelt meistern bzw. verändern können. In diesem Sinne ist die Gesundheit als ein wesentlicher Bestandteil des alltäglichen Lebens zu verstehen und nicht als vorrangiges Lebensziel. Gesundheit steht für ein positives Konzept, das in gleicher Weise die Bedeutung sozialer und individueller Ressourcen für die Gesundheit betont wie die körperlichen Fähigkeiten. Die Verantwortung für Gesundheitsförderung liegt deshalb nicht nur bei dem Gesundheitssektor, sondern bei allen Politikbereichen und zielt über die Entwicklung gesünderer Lebensweisen hinaus auf die Förderung von umfassendem Wohlbefinden hin".

Die Prostitution wird als sexuelle Erwerbstätigkeit verstanden, die akzeptiert und respektiert wird. Ziel der einzelnen Projekte ist deshalb nicht, die Jugendlichen und jungen Männer aus der Prostitutionsszene herauszulösen, sondern ihnen in ihrer individuellen Lebenssituation individuelle Hilfestellungen zu geben und sie bei ihren Bedürfnissen zu unterstützen. „Dennoch sei angemerkt, daß sich die Umstände und Rahmenbedingungen, in denen Prostitution stattfindet, häufig problematisch auf die psychosoziale Situation männlicher Prostituierter auswirkt. So kann in bestimmten Fällen auch eine »Prävention vor der Prostitution« sinnvoll sein, z.B. bei Minderjährigen unter 16 Jahren" (AKSD 2002, S. 4).

6.2. VERBESSERUNG DER LEBENSVERHÄLTNISSE VON STRICHERN AUF DREI EBENEN

Um die Lebensverhältnisse von männlichen Prostituierten zu verbessern, lassen sich die Ziele der Arbeit der Stricherprojekte auf drei Ebenen beschreiben: auf der individuellen Ebene des einzelnen Strichers, der kollektiven Ebene der Stricher als Zielgruppe und auf der gesellschaftlichen Ebene, in der die Stricher leben und arbeiten. Die Ziele werden mit jedem einzelnen Stricher, der die Hilfe der Projekte in Anspruch nehmen möchte, individuell ausgehandelt werden. Die Arbeit paßt sich an die Bedürfnisse und spezifischen Wünsche des Jugendlichen oder jungen Mannes an. Die drei Ebenen lassen sich in sieben übergeordneten Zielen formulieren, die jeweils im Mittelpunkt aller Arbeitstätigkeiten der Stricherprojekte stehen. Sechs dieser Ziele lassen sich auf der individuellen und der kollektiven Ebene, eines auch auf der gesellschaftlichen Ebene beschreiben.

„Im Sinne der Gesundheitsförderung sind die einzelnen Ziele nicht als eigenständige Schwerpunkte zu verstehen, sondern als sich gegenseitig beeinflussende Aspekte eines komplexen Prozesses der Verbesserung der Lebenslage von männlichen Prostituierten eines Prozesses, der Veränderungen auf den drei oben genannten Ebenen erfordert. (...) Die hier aufgeführten einzelnen Ziele können daher nicht voneinander getrennt werden und müssen bei der Gestaltung und Durchführung der Arbeit gleichermaßen berücksichtigt werden. Ebenso müssen diese Ziele immer im Zusammenhang mit allen anderen sozialen und gesundheitlichen Maßnahmen (...) betrachtet werden" (AKSD 2002, S. 14).

Kriterien in der Arbeit mit Strichern und somit allgemeine Ziele der Projekte sind unter anderem das Erreichen von: Emanzipation, psychischer Stabilität, erfolgreicher Identitätsbildung, Körperbewußtsein, sozialer Stabilität, professionellem Arbeiten in der Prostitution und Entdiskriminierung der männlichen Prostitution. Was die Ziele im einzelnen beinhalten und wann sie erreicht sind, wird im folgenden anschaulich beschrieben. Richtungsweisend hierzu ist eine Zusammenfassung aus dem Text des AKSD (2002, S. 13ff.).

(1) Emanzipation:
Sie beinhaltet, daß der Stricher sich von der Hoffnung löst, durch die Prostitution vorrangig Liebe, Freundschaft und Beziehungen zu finden. Merkmale der Zielerreichung sind:
Auf der individuellen Ebene:
» Aktive Auseinandersetzung und die Erkennung eigener Probleme.
» Unabhängigkeit von dominanten Bezugspersonen wie Freier und Drogenhändler.
» Kein Druck, anschaffen gehen zu müssen.
» Selbstversorgung in einer adäquaten Wohnsituation (z.b. Wohngemeinschaft, eigene Wohnung).
» Geklärte sexuelle Orientierung.
» Eigene Standpunkte zu zentralen Lebensthemen, dies können sein: Ausbildung, Familie, Arbeit, Zukunftsperspektiven.
» Ein reflektierter Umgang mit der Szene.
Auf der kollektiven Ebene:
» Dienstleistungsbewußtsein in bezug auf Prostitutionstätigkeiten als Gruppennorm (das bedeutet, die Beachtung der eigenen Interessen im Rahmen einer professionellen Tätigkeit).
» Solidarität untereinander und
» Selbstbewußtsein in der Interessensvertretung nach außen.
(2) Psychische Stabilität:
Die Vorraussetzung für psychische Stabilität des Strichers ist die Fähigkeit, bewußt oder unbewußt aufgestaute negative Erfahrungen aus Familie, Heim, Straße und Szene zu erkennen. Merkmale der Zielerreichung sind:
Auf der individuellen Ebene:
» Konfliktfähigkeit,
» eine angemessene Frustrationstoleranz,
» ein bewußter Umgang mit Drogen (legale und illegale) und
» die Fähigkeit eigene Gefühle zu zeigen, wie Trauer, Wut, Freude.
Auf der kollektiven Ebene:
» eine stabile Gruppenstrukturen (psychische Belastungen werden von der Gruppe aufgefangen statt in ihr abreagiert),
» die Individualität wird in der Gruppe akzeptiert,
» der Abbau der Ausländerfeindlichkeit (d.h., die Norm etabliert sich, daß psychische Belastungen nicht durch Schuldzuweisung und Ausgrenzung gegenüber ausländischen Strichern, sondern durch Eigenverantwortung und Selbstreflexion abgebaut wird).

(3) Erfolgreiche Identitätsbildung:
Die Entwicklung der eigenen Identität bedeutet, daß der Stricher lernt, zu seinem »Stricher-Sein«, zu seiner Sexualität sowie zu seinem bisherigen Lebensinhalt zu stehen. Merkmale der Zielerreichung sind:
Auf der individuellen Ebene:
» ein positives Selbstwerterleben und
» eine stabile sexuelle Identität.
Auf der kollektiven Ebene:
» Die Identitätsentwicklung einzelner Stricher wird dadurch gefördert, daß die Gruppe das Ausprobieren verschiedener Beziehungsformen und Rollen ermöglicht.
(4) Körperbewußtsein:
Für den Stricher heißt dies vor allem, auf die eigenen Körpersignale zu achten und dementsprechend zu reagieren, eine Wertschätzung seines eigenen Körpers und seiner Gesundheit sowie der bewußte Umgang mit Problemen physischer Art. Merkmale der Zielerreichung sind:
Auf der individuellen Ebene:
» Privat und beruflich Safer Sex praktizieren.
» Ein bewußter Umgang mit Drogen (legalen und illegalen).
» Negative Auswirkungen des Drogenkonsums sowie Schlafmangel, Unterernährung und Krankheitszeichen – als Körpersignale – werden erkannt und behandelt.
» Grundhygiene: Zähneputzen, regelmäßig Duschen, das regelmäßige Wechseln und Waschen der Kleidung.
Auf der kollektiven Ebene:
» Safer Sex, Safer Use und regelmäßige Gesundheitsvorsorge als präventive Verhaltensweisen sind in der Gruppe etabliert.
(5) Soziale Stabilität:
Diese bei Strichern zu fördern heißt vor allem, sie dabei zu unterstützen, ein soziales Umfeld zu schaffen, welches sich durch Lebensperspektiven und Verbindlichkeit auszeichnet. Merkmale der Zielerreichung sind:
Auf der individuellen Ebene:
» Stabile, dauerhafte Freundschaften.
» Die Kompetenz, Beziehungen einzugehen und sie längerfristig aufrechtzuerhalten.
» Die Integration in ein soziales Netzwerk wie zum Beispiel in den Freundeskreis, in die Wahl- oder Herkunftsfamilie.

» Das Aufsuchen von vertrauten AnsprechpartnerInnen um Probleme zu diskutieren.

» Notwendige materielle sowie immaterielle Hilfen werden angenommen.

Auf der kollektiven Ebene:

» Akzeptanz anderer Lebensstile, Kulturen und Nationalitäten als Gruppennorm.

» Gruppengefühl und Verständnis sowie

» stabile Freundschaften unter den Strichern.

(6) Professionelles Arbeiten in der Prostitution:

Dies bedeutet, daß Stricher bewußt anschaffen gehen und die Ausübung der Prostitution nicht dem Zufall überlassen. Dazu gehört die Fähigkeit zur Abgrenzung in der Sexarbeit, ein entsprechendes Wissen über Sexualpraktiken sowie aktuelle Informationen über gesundheitliche Risiken beim Anschaffen. Merkmale der Zielerreichung sind:

Auf der individuellen Ebene:

» Eigene Grenzen in der Sexarbeit werden erkannt und ihre Beachtung wird konsequent durchgesetzt.

» Der Ort der Prostitution wird vom Stricher bestimmt.

» Eine sexuelle Angebotspalette wird unter Berücksichtigung der eigenen Einschränkung zusammengestellt.

» Die professionelle Einstellung zu den Freiern (d.h. der Freier wird als Kunde betrachtet).

» Absprachen über sexuelle Dienstleistungen sowie Ort, Zeit und Lohn werden mit dem Freier getroffen bevor die Dienstleistung erbracht wird.

» Pläne für die finanzielle Zukunft (Altersvorsorge etc.) werden gemacht und umgesetzt.

Auf der kollektiven Ebene:

» Safer Sex, Vermeidung von Neuinfektionen in bezug auf STD´s (einschließlich HIV) und Vorkasse als Arbeitsnormen (der Freier zahlt, bevor die sexuelle Dienstleistung erbracht wird).

» Gegenseitige Warnung vor gewalttätigen Freiern.

» Eine Einstiegsberatung durch andere, erfahrene Stricher sowie

» Gruppenbewußtsein als Prostituierter.

» Kooperative Arbeitsstrukturen, z.B. Lobbyinitiativen und Selbsthilfegruppen.

(7) Entdiskriminierung der männlichen Prostitution:
Dieses Ziel ist dann erreicht, wenn ein Stricher anschaffen kann, ohne daß diese Tatsache für ihn zu einem gesellschaftlichen Nachteil wird. Dies bedeutet:

Auf der individuellen Ebene:
» Eine positive Einstellung zum Begriff »Stricher«, das heißt:
» Anschaffen wird nicht mehr verheimlicht.
» Keine Nachteile für den Einzelnen der anschaffen geht und offen darüber redet.

Auf der kollektiven Ebene:
» Offenes Auftreten bei Veranstaltungen zu relevanten Themen.
» Offene Werbung für die Dienstleistungen.
» Selbstorganisierte und selbstverwaltete Arbeitsstrukturen, selbstverwaltete Bordelle

Und bedeutsam auf der gesellschaftlichen Ebene:
» Auch hier eine positive Besetzung des Begriffs »Stricher«.
» Ein bewußter, öffentlicher und vorurteilsfreier Umgang mit dem Thema männliche Prostitution.
» Die Anerkennung von Prostitution als Beruf.
» Die Akzeptanz von Strichern innerhalb bestimmter Szenen, wie der Schwulen- und Drogenszene, sowie von Einrichtungen wie Sozial- und Jugendämtern, Strafvollzugsanstalten.
» Arbeit seitens staatlicher Einrichtungen im Sinne der Interessen von Strichern, z.B. Jugend-, Sozial- und Gesundheitsamt.
» Absicherung von Strichern durch soziale Leistungen wie Rentenversicherung und Krankenkasse.
» Neutraler Umgang seitens der Behörden (Polizei und andere) mit der Stricher-Szene. Damit ist gemeint, daß Stricher nicht per se als Straftäter, sondern als individuelle Persönlichkeiten betrachtet werden, die auch Opfer von Gewalt sind und Unterstützung brauchen.
» Die mietrechtliche Absicherung der Wohnungen, die für die Prostitutionsarbeit benutzt werden.
» Offene und kooperative Stricherkneipen als Arbeitsorte.
» Respekt seitens der Arbeitgeber (Wirte und Club-Besitzer) gegenüber Strichern.

6.3. TÄTIGKEITSFELDER IN DER SOZIALEN ARBEIT MIT STRICHERN

Tätigkeitsfelder sind die Arbeitsbereiche in der sozialen Arbeit mit Strichern. Jeder Bereich beinhaltet spezifische Strukturen und Methoden, um die charakteristischen Angebote der jeweiligen Bereiche zu gewährleisten. Jedes Tätigkeitsfeld bietet den MitarbeiterInnen eine große Gestaltungsfreiheit, um die Bedürfnisse des einzelnen Strichers zu berücksichtigen. Um diesen Bedürfnissen gerecht zu werden, erfordern die einzelnen Bereiche Flexibilität seitens der MitarbeiterInnen und ein hohes Maß an Strukturierung seitens der Projekte.

6.3.1. Streetwork

Streetwork (»Straßensozialarbeit« oder »aufsuchende Sozialarbeit«) ist darauf ausgerichtet, die Stricher in der Anonymität der Prostitutionswelt zu erreichen und dort auf ihre Bedürfnisse einzugehen und ihnen angemessene Hilfe anzubieten. Aufsuchende Sozialarbeit ermöglicht den ersten Zugang zur Zielgruppe, bei dem erste Kontakte und Vertrauen aufgebaut werden. Das Ziel dieser Arbeit ist, die Jungs vor Ort zu beraten und zu unterstützen sowie die Grundlage für weiterführende Angebote (Anlauf- und Beratungsstelle) zu schaffen. Dieser Arbeitsbereich ist in der Stricherszene besonders notwendig, da hier im Vergleich zur Schwulen-Subkultur die kollektiven Zusammenhänge[64] fehlen. Es bildet sich eine negative Grundhaltung die es fast unmöglich macht von außen Kenntnisse über die Szene zu gewinnen. Bestandteil der Straßensozialarbeit sind präventionsunterstützende Materialien wie Broschüren zu verschiedenen Gesundheitsthemen, Kondome und Gleitmittel die in der Szene verteilt werden.

---

[64] siehe »Männliche Prostitution als Teil der homosexuellen Subkultur« Kapitel 2. dieser Arbeit

Aus den einzelnen Projektberichten/Jahresberichten der bestehenden Stricherprojekte geht hervor, daß sich die aufsuchende Sozialarbeit hauptsächlich an den Bahnhöfen, den Stricherkneipen und Clubs (Bordellen) konzentriert hat. Bei den Bahnhofstrichern kann eine zunehmende Verelendung beobachtet werden (SUBWAY 2000, S. 5). Dieser Personenkreis ist besonders von HIV-Infektionen und AIDS bedroht. Der Anteil der Minderjährigen und drogengebrauchenden Stricher ist hier am stärksten vertreten. Streetwork in den Kneipen und Clubs erfordert eine gute Kooperation mit den Wirten und Besitzern, da diese das Hausrecht haben und die Akzeptanz der StreetworkerInnen bei den Gästen entscheidend beeinflussen können.

Der AKSD (2002, S. 26) weist darauf hin, daß sich die StreetworkerInnen immer wieder vor Augen führen müssen, daß sie bei der aufsuchenden Sozialarbeit in intime Arbeits- und Lebensbereiche der Jungs eindringen. Sie müssen daher sensibel vorgehen und sich auf die »Spielregeln« der Szene einlassen, ohne ihre berufliche Rolle zu verlieren.

6.3.2. Anlaufstelle

Die Anlaufstelle ist eine an den besonderen Lebensbedingungen der Jungs ausgerichtete Versorgungseinrichtung, die sowohl psychische als auch physische Gründbedürfnisse abdeckt sowie unbürokratische und konkrete Hilfestellungen anbietet. Sie stellen Überlebenshilfen in Form von Dusch-, Wasch- und Essensangeboten, Erholungs- und Regenerationsmöglichkeiten und Gelegenheiten für Informations- und Beratungsgespräche. Die Anlaufstelle als tagesstrukturierendes Angebot (LOOKS e.V. 2001, S. 11) stellt eine wichtige Alternative zu der häufigen Orientierungslosigkeit und Leere im Leben der Stricher dar. Sie haben in der Szene häufig das Gefühl des »Rumhängens« und erleben ihren Alltag als unbefriedigend und frustrierend. Durch gemeinsame Aktivitäten im Rahmen der Anlaufstelle erhalten die männlichen Prostituierten Impulse für eine bewußte Lebensgestaltung und erlernen den Umgang mit Strukturen. Die Schaffung eines streß- und konkurrenzfreien Raumes stärkt gleichzeitig das Selbsthilfepotential der

Stricher. Viele von ihnen haben, durch die gesellschaftliche Isolation[65] kaum die Möglichkeit offen über ihre Probleme Wünsche und Bedürfnisse zu sprechen. Zudem bietet die Anlaufstelle einen Schutz- und Ruheraum, der individuell sowie kollektiv genutzt werden kann: für ein geschütztes Gespräch mit den MitarbeiterInnen (nach Bedarf und ohne Muß), für Gespräche untereinander, für Spiele oder um sich einfach nur auszuruhen. Hierzu zwei Aussagen von Strichern aus WRIGHT (*Dvl.* 2000, S. 42):

„Es ist ein Streß, immer verfolgt zu werden, immer Angst vor Kontrolle zu haben. Wir müssen uns ständig rumgucken. Wo drei bis vier Rumänen zusammenkommen, ist es für die Polizei schon suspekt. Wir sind wie Hunde. Hier [in der Anlaufstelle] *wird man nicht kontrolliert."*

„Hier [im Projekt] *wird man als Mensch wahrgenommen.".*

Die Anlaufstelle ist auch Verteiler von Informationen und Broschüren zu den Schwerpunktthemen:

» HIV, AIDS und STD`s sowie Safer Sex und Safer Use;
» Arbeits-, Schul- und Ausbildungsangebote;
» Arbeitsbedingungen und die rechtliche Situation in der Prostitution;
» Sozialhilfe, Arbeitslosengeld/-hilfe und Wohngeldregelung;
» Übernachtungsmöglichkeiten[66] (in zwei von 6 Projekten);
» Medizinische Versorgungsangebote (nicht alle Projekte haben diese Möglichkeit, siehe »*Medizinische Versorgung*« Kapitel 6.3.2.2.);
» dient als weiterführende Beratungsstelle.

Die Broschüren sind in mehreren Sprachen verfaßt um auch ausländischen Strichern die Informationsmöglichkeiten bieten zu können. Jedoch liegen diese nicht überall aus (WRIGHT *Dvl.* 2000, S 48 u. 55). In der Anlaufstelle erhalten die Stricher, wie auch bei der Streetwork, kostenlos Kondome und Gleitmittel.

---

[65] siehe »*Psychische Belastung durch doppelte Stigmatisierung*« Kapitel 4.4.4. dieser Arbeit
[66] Im Rahmen der vorliegenden Arbeit wurde eine Fragebogenaktion (Eigene Erhebung), angelehnt an die Prozeßevaluierung von WRIGHT (*Dvl.* 2000), durchgeführt (siehe Kapitel 6.4. dieser Arbeit) – eine Einrichtung bietet täglich 10 Notschlafplätze, die zweite bietet 7 Nächte innerhalb von 30 Tagen an. Vier Projekte haben keine Möglichkeit, Gründe sind: fehlende Raumangebote, keine finanziellen Mittel, zu wenig Personal - jedoch hilft sich ein Projekt selber, in dem es Schlafmöglichkeiten während der Tagesöffnungszeiten anbietet.

6.3.2.1. Einzelfallhilfe, Beratung und Betreuung

Elementare Bereiche der Sozialarbeit in der Anlaufstelle sind auch die Einzelfallhilfe sowie die Beratung und Betreuung von Strichern. Sie werden eingesetzt, um ihnen in psychosozialen Schwierigkeiten zu helfen. Im Vordergrund steht die gezielte Einzelfallhilfe, die auf die spezielle Lebenssituation, die Bedürfnisse und dem ganz persönlichen Problemkomplex der Hilfesuchenden abgestimmt ist. Hierzu folgend zwei Aussagen von Strichern, aus WRIGHT (2000, S. 42f):

„Sie [die Mitarbeiter] *tun, was du willst. Ich meine nicht alles, was du willst. Aber du mußt sagen, was du willst, und sie sind da. So geht es. Wenn du nichts sagst, geben sie dir Tipps (sic!).“*

„Ich finde die Mitarbeiter hier sehr gut. Weißt du, sie sind nicht die typischen Sozipäds, die nur `Hmm` sagen und dann versuchen, dich zu bereden. Die Mitarbeiter hier sind echte Menschen. Du kannst locker mit ihnen umgehen. Sie sagen dir direkt, was sie meinen. Das erweckt Vertrauen. Wenn sie nicht so wären, wäre ich hier nicht geblieben.“

Der AKSD (2002, S. 34) konstatiert, daß männliche Prostituierte im konventionellen Beratungs- und Hilfesystem nach wie vor keine adäquaten, auf sie zugeschnittenen Angebote haben. Da es noch immer sehr viele Vorurteile und Ängste im Beratungskontakt mit dieser Personengruppe gibt, haben die Stricher kaum eine Möglichkeit ihre speziellen Probleme, Sorgen und Nöte bei anderen Institutionen ehrlich und vertauensvoll zu schildern. Professionelle Einzelfallhilfe und Beratung implizieren auch Clearingarbeit, welche die Notwendigkeit der Vermittlung von Strichern an weiterführende Institutionen, Organisationen, Ämter und Vereine erkennt und bewilligt.
Die Beratung kann alle psychischen, physischen und sozialen Bereiche umfassen. Wesentliche Aspekte der Beratung sind (AKSD 2002, S. 34):
» Das Akzeptieren und Wertschätzen, sowie Aktivieren des Selbsthilfepotentials des männlichen Prostituierten.
» Eine Individuelle Vorgehensweise, den Wünschen und Möglichkeiten des Strichers angepaßt.
» Die Schweigepflicht seitens der MitarbeiterInnen gegenüber Dritten.
» Möglichkeiten und Grenzen der Beratung aufzeigen.

Beratung und Betreuung beinhalten die Krisenintervention und lebensprak-
tische Unterstützung, das bedeutet ein schnelles Handeln in akuten Situationen sowie das Begleiten zu Ämtern und anderen Institutionen. Auf dieser
Grundlage wird der Aufbau einer kontinuierlichen und vertrauensvollen Beziehung gestärkt. Ein stabiler Rahmen wird geschaffen, indem die Jungs
von den SozialarbeiterInnen unterstützt werden, eigene Ziele, Fähigkeiten
und Möglichkeiten zu erkennen, diese als positiv zu erleben und in der individuellen Lebensgestaltung zu nutzen.

6.3.2.2. Medizinische Versorgung

In einzelnen Stricherprojekten (drei von sechs befragten Einrichtungen)[67]
gibt es eine weitere zentrale Aufgabe in den Arbeitsbereichen der Projekte:
die medizinische Versorgung männlicher Prostituierter. Ein Arzt/Ärztin bietet
stundenweise eine medizinische Sprechstunde in den Räumen der Anlaufstelle an. Hier können die Jungs eine unbürokratische, kostenlose und an-
onyme ärztliche Beratung/Behandlung in Anspruch nehmen. Die Sprechstunde richtet sich (je nachdem welche Möglichkeit der Kooperation zwischen Projekten und ÄrztInnen besteht) auf die erste medizinische Hilfe bei
kleinen Wunden (Schnittverletzungen, Abszessen und andere) bis hin zur
kostenlosen Hepatitisimpfung. Dies ist ein wichtiger Bereich, da viele der
Stricher nicht krankenversichert[68] sind (jedoch kann dieses Tätigkeitsfeld
aus finanziellen Gründen nicht überall angeboten, wie oben). Ausländische
Stricher haben oft keinen geregelten Aufenthaltsstatus und somit keine Zu-
gangsmöglichkeit zum bestehenden Gesundheitssystem. SUBWAY e.V.
bietet seit August 2002 sogar eine ärztliche Beratung während des Streetwork an. Das SUBWAY-mobil (ein Wohnmobil mit einer mobilen ärztlichen
Sprechstunde) bietet die Möglichkeit, Stricher, die nicht in die Anlaufstelle
kommen, an ihrem Arbeitsplatz aufzusuchen, um sowohl die Hepatitis-

---

[67] In drei von sechs Einrichtungen besteht die Möglichkeit der kostenlosen medizinischen
Versorgung, die Arbeitsstunden einer Ärztin/eines Arztes reichen von 1 - 7,5 Wochenstunden, die Aufgabenbereiche sind: medizinische Beratung, Erst- u. Notfallversorgung,
Hepatitis-Impfung und STD-Diagnostik. In den anderen drei Einrichtungen ist dies nicht
möglich, die Gründe wurden angegeben mit: keine Gelder und kein regelmäßiger Bedarf (*dies geht aus der eigenen Erhebung hervor*).
[68] wie unter: »*Gesundheitsrisiko-AIDS*« Kapitel 4.2.3. dieser Arbeit beschrieben

Impfung als auch Diagnostik und Therapie von STD`s vor Ort anzubieten. Das »Arztmobil« ist momentan (von August bis November 2002) ein »Pilot-projekt«. Eine Ärztin vom Gesundheitsamt (als Honorarkraft bei SUBWAY) bietet, zusammen mit den StreetworkerInnen, jeweils freitags von 19.30 Uhr bis 00.30 Uhr eine kostenlose, ärztliche Hilfe/Beratung im vierzehntägigen Turnus an. Dieses Angebot hat eine sehr hohe Nachfrage und wird vor al-lem von den Migranten gern genutzt. Für viele von ihnen ist der Weg zur Anlaufstelle zu »weit«. Ein weiteres Angebot besteht in Form eines »Shut-tlebusses«. Jeweils montags ab 11.00 Uhr können die Jungs sich zum Frühstück in der Anlaufstelle treffen und werden dann (kostenlos) mit einem Bus zum Gesundheitsamt gefahren, um dort weiterführende medizinische Hilfe in Anspruch nehmen zu können (gerade bei bestehenden STD´s).

6.3.3. Multiplikatorenarbeit

Die Freier und die Wirte/Barkeeper können wichtige Multiplikatoren für STD- und HIV-Präventionsarbeit sein.

Wirte und Barkeeper haben die Verantwortung für die bei ihnen arbei-tenden Stricher. Sie haben schon allein aus wirtschaftlichen Gründen ein starkes Interesse daran, daß die Stricher, die in ihrer Kneipe anschaffen, gesund sind. Verantwortungsbewußte Wirte geben den Strichern Safer-Sex-Ratschläge, verteilen Broschüren, Kondome und Gleitmittel. Sie ken-nen sich so gut in der Szene aus, daß sie die StreetworkerInnen informell unterstützen und ihnen helfen können, neue Kontakte aufzubauen.

Bei den Freiern kann die Prävention nur greifen, wenn sie sich in ihrer Verantwortung gegenüber Safer Sex beim Verkehr mit den Strichern be-wußt sind. Im AKSD (2002, S. 30) wird darauf hingewiesen, daß der Kon-takt zwischen MitarbeiterInnen und Freiern dem Stricher selbst den akzep-tierenden Ansatz zeigen. Den Freier in der Lebenswelt der Jungs akzeptiert zu sehen, bedeutet für die Stricher, daß sie sich als solche ernst genom-men und nicht per se abgewertet fühlen. Als StreetworkerIn in der Szene sollte man aber niemals vergessen, die Parteilichkeit mit den Strichern klar zu vertreten – was die »Freierarbeit« nicht ausschließt. Für die Freier muß allerdings auch klar sein, daß die Projekte kein Kontaktcafé (im Sinne von

Stricherkneipen) sind, sondern ein Schutz-, Schon- und Ruheraum für die Stricher, zu dem die Freier während der Öffnungszeiten keinen Zutritt haben. Noch bieten nicht alle Projekte diese Multiplikatorenarbeit an.

6.3.4. Freizeitangebote

Nach der Anlaufstelle mit ihren spezifischen Versorgungs- und Informationsangeboten sind die Freizeitangebote für männliche Prostituierte außerhalb der regulären Öffnungszeiten eine sinnvolle Ergänzung. Besonders Jungs aus der Szene am Bahnhof und in den Kneipen erleben oft keine bewußte Trennung von Freizeit und Arbeit in der Prostitution. Ihre Arbeit findet in einem Umfeld statt, das traditionell dem Freizeitsektor zugeordnet wird. Das Kennenlernen einer bewußten Freizeit hat für die Jungs deshalb einen hohen Stellenwert. Freizeitangebote versetzen die Stricher in die Lage, Chancen der Freizeit im Sinne von mehr Selbstbestimmung und Kommunikation zu nutzen. Bei der Planung und Gestaltung der Angebote werden die Jungs mit einbezogen, dies fördert unter anderem soziale Kompetenzen wie Konfliktfähigkeit, Umgang mit Regeln und Grenzen, die dadurch spielerisch gefördert werden können.

Bei den Freizeitangeboten wird, durch die gemeinsamen Aktivitäten das Zusammengehörigkeitsgefühl einer Gruppe gestärkt. Auch solidarische Verhaltensweisen werden erlernt, diese sind gerade für Stricher sehr sinnvoll, da sie auf Grund des Prostitutionsgeschäfts in einem permanenten Konkurrenz- und Wettkampf miteinander stehen. Zur Freizeitpädagogik können die »klassischen« Gruppenaktivitäten, wie gemeinsame Ausflüge oder Picknicks bis hin zu Sportaktivitäten, gehören. Wie und in welchem Umfang diese stattfinden, wird in den einzelnen Projekten individuell gestaltet und hängt vom finanziellen Rahmen und der Mitarbeiteranzahl ab. Die Ziele, die mit diesen Angeboten erreicht werden können, sind jedoch überall gleich. Dazu gehören:

» Befähigung zu Kreativität, Phantasie, Reflexion;
» Befreiung von Konsumzwang und Prestigedenken;
» Überwindung von Konkurrenzdenken und Konkurrenzverhalten;
» Förderung von Selbstbestimmung und Kommunikation;

» Stärkung des Selbstwertgefühls durch Erfolgserlebnisse;
» Vertiefung von Entwicklungsprozessen im Rahmen der Beziehungsarbeit mit Strichern;
» Förderung von Beziehungen und Solidarität der Stricher untereinander (durch Gruppenangebote);
» Entwicklung und Förderung sozialer Kompetenzen (individuell und in der Gruppe).

6.4. EVALUATION DER STRICHERPROJEKTE IN DEUTSCHLAND

6.4.1. Einführung

Für dieses Kapitel wird ausführlich auf die fünf Projekte in Deutschland Bezug genommen, welche auch schon stadtspezifische Grundlage für *»Regionale Unterschiede«*, Kapitel 2.4.2. dieser Arbeit, waren und ergänzt durch ein Projekt in Stuttgart, welche mit dem Schwerpunkt *»Sozialarbeit für männliche Prostituierte«* tätig sind:

» Berlin: SUB/WAY berlin e.V. – Präventiver Kinder- und Jugendschutz
» Köln: LOOKS e.V. (englisch für Blicke)
» München: MARIKAS - Innere Mission München e.V. – Beratungsstelle für anschaffende Jungs und Männer
» Hamburg: BASIS-Projekt e.V. – Beratung und aufsuchende Sozialarbeit in St. Georg
» Frankfurt: KISS-Projekt der AIDS-Hilfe Frankfurt e.V. – Kriseninterventionsstelle für Stricher
» Stuttgart: CAFE STRICH-PUNKT – Projekt AIDS-Hilfe Stuttgart e.V. und Verein zur Förderung von Jugendlichen.

Im Jahr 1994 wurde ein bundesweiter »Arbeitskreis der Stricherprojekte in Deutschland« (AKSD) gegründet um einen regelmäßigen Erfahrungsaustausch und die Entwicklung gemeinsamer Standards zu ermöglichen. In den nachfolgenden Jahren kamen auch Stricherprojekte aus den deutschsprachigen Nachbarländern, in denen deutsche Jugendliche und junge Männer häufig in der Prostitutionsszene arbeiten (Trebegänger), dazu gehören: der Verein Wiener Sozial Projekte/ Stricherprojekt (Österreich), Herrmann in Zürich (Schweiz) und AMOC/DHC (Niederlande). Heute nennt sich der AKSD »Arbeitskreis der deutschsprachigen Stricherprojekte«, das Kürzel AKSD wurde beibehalten.

WRIGHT[69] hat im Jahr 1999 eine »Prozeßevaluierung der gesundheitsfördernden Arbeit der Stricherprojekte in Deutschland« durchgeführt. Die Studie fand im Auftrag der Deutschen AIDS-Hilfe e.V. statt, die Besuche der jeweiligen Einrichtungen (siehe oben, außer Stuttgart) dauerten von April bis August 1999 (für die Interviews), die übrigen Daten haben das Jahr 1998 als Grundlage. Seit 2000 ist diese Studie in Druck. Sie liefert wichtige und grundlegende Daten und einen guten Gesamtüberblick über die Arbeitsmethoden und Arbeitsweisen der fünf deutschen Stricherprojekte. In Anlehnung an diese Prozeßevaluierung wurde im Rahmen der vorliegenden Arbeit eine Fragebogenaktion[70] durchgeführt (der Bezugszeitraum der eigenen Erhebung ist September 2002), um die Evaluation von WRIGHT mit aktuellen Daten ergänzen zu können. Da nicht alle Mitarbeiter erreicht werden konnten (bedingt durch Urlaubszeit/Krankheit) werden die vorhandenen Ergebnisse in den jeweiligen Abbildungen »nur« ergänzend zu den Daten von WRIGHT (*Dvl.* 2000) eingefügt (sie dienen nicht als Vergleich!). Im folgenden sollen die Prozeßevaluierung von WRIGHT (*Dvl.* 2000), die Leitlinien des AKSD (2002) und die Fragebogenaktion (2002 - im folgenden mit dem Kürzel FA benannt) als Grundlage der Ausarbeitung dienen. Die jeweiligen Abbildungen wurden hierzu eigens aus dem laufen Text bei WRIGHT (2000) erstellt und durch aktuelle Daten ergänzt.

---

[69] Für diese Studie wurden (1999) 40 von insgesamt 49 MitarbeiterInnen der Stricherprojekte sowie 30 Stricher befragt. Um Informationen zum Sample zu sammeln wurden Fragebögen ausgegeben jedoch nur in deutscher Sprache. Deshalb liegen quantitative Daten für insgesamt 17 Stricher-Interviewpartner vor (wie schon in der *Einleitung - Bisheriger Forschungsstand und Literaturübersicht*- beschrieben).

[70] Die Auswertung der Fragebogenaktion ist in Form von Graphiken *im Graphikanhang* dieser Arbeit einzusehen.

6.4.2. Quantitative Daten

Die Grundlage für die quantitativen Daten sind die Evaluierung von WRIGHT (*Dvl.* 2000) und die Fragebogenaktion (FA 2002). Die Projekte befinden sich in Hamburg, Berlin, Köln, München und Frankfurt/Main (für WRIGHT), für die FA kommt Stuttgart hinzu. Die Projekte wurden zwischen 1987 und 1997 gegründet. Ihre Jahreshaushalte lagen 1998 (bei WRIGHT) zwischen 172.073,- und 794.600,- DM, bei der FA 2002 zwischen 71.065,-€ und 460.000,- €. Die Anzahl der MitarbeiterInnen reichte in den einzelnen Projekten von sechs bis fünfzehn (bei WRIGHT) und zwei bis neunzehn (in der FA); die geleisteten Wochenstunden reichten von 96,5 bis 403,5 (bei WRIGHT), für die FA war der Rücklauf der Mitarbeiterbögen zu gering, um Angaben machen zu können.

Die Projekte können hinsichtlich ihrer personellen und finanziellen Ressourcen in drei Gruppen eingeteilt werden, wie in Tabelle 12 (Eigene Darstellung) dargestellt:

Tabelle 12: Projektgruppen nach Haushalt, Mitarbeiterzahl und Wochenstunden

WRIHT (*Dvl.* 2000. S. 23) bezogen auf 1998	Haushalt in DM	Mitarbeiter	Wochenstunden
zwei größere Projekte	794.600 und 505.800	15 und 12	403,5 und 384,5
ein mittleres Projekt	324.004	9	170,1
zwei kleinere Projekte	200.000 und 172.073	7 und 6	102,5 und 96,5

FA (2002 Graphik 10 im Anhang dieser Arbeit) bezogen auf 2002	Haushalt in €	Mitarbeiter[71]	Wochenstunden
zwei größere Projekte	460.000 und 300.000	10 und 19	*(entfällt, da*
zwei mittlere Projekte	156.501 und 150.000	5 und 2	*zu geringer Rücklauf*
zwei Projekte	*ohne Angaben*	jeweils 4	*an Mitarbeiterbögen)*

---

[71] die Angaben über die Mitarbeiteranzahl beziehen sich (wohl) hauptsächlich auf die Festangestellten, nur ein Projekt hat unterschieden zwischen haupt-, teil- und ehrenamtlichen MitarbeiterInnen

Zu den Angaben bei WRIHGT (*Dvl.* 2000, S. 23):
Die beiden kleineren Projekte unterscheiden sich insofern von den anderen, als daß die Mehrzahl der MitarbeiterInnen keine Angestellten, sondern Honorarkräfte, ehrenamtliche MitarbeiterInnen und Praktikanten oder Fachkräfte aus anderen Einrichtungen sind. In den anderen drei Projekten ist die Mehrzahl der Beschäftigten Angestellte.

Die Spenden für das Jahr 1998 setzten sich folgendermaßen zusammen:
» Bei den beiden kleineren Projekte wurden 25% der Kosten durch Spenden abgedeckt.
» Bei dem größten Projekt konnte nur 0,2% des Einkommens durch Spenden erwirtschaften werden.
» Bei zwei Projekten wurde der Haushalt mit Spenden von 6,7% bzw. 14,0% abgedeckt.
» Zwei Projekte wurden mit 24,1% bzw. 35,9% von Landesverbänden der AIDS-Hilfen gefördert.
» Ein Projekt wurde zu 33,7% aus Eigenmitteln des Trägers finanziert.
In der Regel kamen die Mittel von den Jugend- und/oder Gesundheitsämtern.
Zu den Angaben der FA (2002):
Von den befragten Mitarbeitern sind die Mehrzahl Angestellte (*siehe auch Graphik 8 im Anhang*), die Qualifikationen sind überwiegend Sozialarbeiter/-pädagogen (*siehe auch Graphik 9 im Anhang*).

Die Finanzierung für das Jahr 2002 setzt sich zusammen aus (siehe auch Graphik 10 im Anhang):
» In einem Projekt kamen 7.500,- € vom Landes-Gesundheitsamt und Jugendamt.
» Bei einem Projekt besteht die Finanzierung aus 74.000,- € vom Land, der Stadt und durch Spenden.
» In einem Projekt wurden 10.000,- € Spendengelder angegeben, die Finanzierung kommt von der Behörde für Umwelt und Gesundheit sowie der Behörde für Familie und Soziales.
» In einem Projekt teilt sich die Finanzierung in: 30.000,- € aus Spendengeldern, 140.000,- € vom Landesjugendamt und 130.000,- € vom Landes-Gesundheitsamt über den Landesverband der Berliner AIDS-Selbsthilfeprojekte (LaBAS).
» Zwei Projekte machten keine Angaben über Spenden und Finanzierung.

6.4.3. Qualitative Analyse

Im folgenden soll ein Gesamtbild der Projekte dargelegt werden, welches sich auf die Arbeitsatmosphäre und Strukturen im Innern der Einrichtungen bezieht. Die qualitative Analyse begründet sich überwiegend auf Aussagen der MitarbeiterInnen und Stricher der einzelnen Projekte, die WRIGHT (*Dvl.* 2000, S. 44-47) für seine Studie interviewt und die Antworten quantitativ ausgewertet hat. (Die Fragebogenaktion wurde in diesem Kapitel unberücksichtigt gelassen, da dies Multiple-choice-Fragen waren und somit keine Aussagen hierzu gemacht werden kann). Bezugnahme für die Analyse sind: das Setting der Anlaufstelle, Rollenbewußtsein und Professionalität der MitarbeiterInnen, Autorität und Arbeitsstruktur der Projekte, die Organisationsstrukturen, die Kommunikation zwischen den MitarbeiterInnen, die Präsenz der Projekte in der Szene und der Zugang für drogengebrauchende Stricher.

(1) *Setting der Anlaufstelle*:
Alle Projekte verfügen über Sanitäre Anlagen, wo Stricher duschen und ihre Wäsche waschen können. Zum Teil gibt es Kleiderkammern, aus der kostenlos Kleidung ausgegeben wird (welche wiederum gespendet wurden). Ein oder zweimal wöchentlich ist die Möglichkeit gegeben, daß MitarbeiterInnen und Stricher in der Anlaufstelle gemeinsam kochen und essen. Die MitarbeiterInnen übernehmen die Rolle von »Ersatzeltern«. Sie weisen Besucher/Stricher auf die Regeln der Anlaufstelle hin, unterstützen die Jungs bei der Befriedigung der Grundbedürfnisse (z.B. durch neue Kleidung), spielen mit ihnen Spiele oder stellen sich zu einem vertraulichen Gespräch zur Verfügung. Auch die Möblierung der Räume, z.B. Sitzecke mit Sofa und Sesseln, Fernseher, Stereoanlage, Computer etc. sowie farblich gestaltete Wände, kreative Dekorationen geben der Anlaufstelle einen gemütlichen Charakter. Die Atmosphäre in allen Anlaufstellen kann als familiär bezeichnet werden.

(2) *Rollenbewußtsein und Professionalität*:
Die MitarbeiterInnen der Projekte sind sich der Tatsache bewußt, daß ihre Aussagen und ihr Verhalten gegenüber den Jungs als Gesamtbild wahrgenommen werden. Die MitarbeiterInnen haben, neben dem lockeren Umgang mit den Strichern, ein ausgeprägtes Rollenbewußtsein, mit einer ho-

hen Sensibilität für die Beziehungsdynamik. Erfahrungen und Reaktionen der Stricher in bezug auf Interventionen haben Vorrang vor der Theorie. In den Aussagen der MitarbeiterInnen wird zwar immer wieder der Unterschied zwischen der Arbeit der Projekte und der Psychotherapie betont, doch wissen sie, daß ihre Arbeit einen stark therapeutischen Charakter hat. In diesem Sinne ist die Arbeit der Projekte vergleichbar mit Einrichtungen, die milieutherapeutisch arbeiten.

(3) *Autorität und Arbeitsstruktur*:

In den größeren Projekten besteht zwar ein Bedarf nach mehr Koordination und Organisation, jedoch bekennen sich alle Projekte zu einem basisdemokratischen Ansatz bei der Strukturierung der Arbeit. Die verwaltungs- und organisationstechnischen Aspekte effizient erledigen zu können, scheint von der Größe des Projektes abhängig zu sein – je größer das Projekt desto schwieriger gestalten sich die Aspekte. Bei den meisten MitarbeiterInnen führt dies zu ambivalenten Gefühlen. Damit ist gemeint, daß sie auf der einen Seite zwar ihre Unabhängigkeit in der Arbeit genießen, auf der anderen Seite jedoch die chaotischen Strukturen bemängeln. Der Wunsch, Strukturen innerhalb des Projektes zu verändern (*siehe auch Kapitel 6.4.3.3. und Graphik 6 im Anhang*), steht im Konflikt mit ihrer Loyalität gegenüber dem Projekt. Eine Änderung würde/könnte den Charakter des Projektes in Frage stellen und die positiven Aspekte der Arbeit bedrohen.

(4) *Organisationsstrukturen*:

In den beiden kleineren Projekten (6 und 7 MitarbeiterInnen, bei WRIGHT) bilden zwei Angestellte den Kern des Teams. Sie organisieren und koordinieren die Arbeit der anderen MitarbeiterInnen, erstellen Konzepte, sichern die Kommunikation im Projekt und kümmern sich um die Erweiterung von Angeboten. Hauptprobleme bilden hier die Kapazitäten und die Ressourcen.

Die beiden größeren Projekte (12 und 15 MitarbeiterInnen, bei WRIGHT) haben allein schon durch die Anzahl der MitarbeiterInnen mehr Angebotsmöglichkeiten, was komplexere Kommunikationsmuster hervorruft. Hier ist zwar das Team zugleich der Ort, an dem die MitarbeiterInnen persönliche und fachliche Unterstützung bekommen können, jedoch fehlt die Koordinierung und Standardisierung der Tätigkeiten innerhalb des Projekts. Dies wiederum führt zu einer gewissen Undurchschaubarkeit. Die Schaffung von mehr Struktur, ohne die Flexibilität der Einrichtung und die Gestaltungsfreiheit der MitarbeiterInnen zu beeinträchtigen, bedeutet hier eine große Herausforderung.

Das mittelgroße Projekt (9 MitarbeiterInnen, bei WRIGHT) weist zwar eine klare hierarchische Struktur mit erkennbaren Grenzen sowohl zwischen den einzelnen Arbeitsbereichen als auch zwischen den Zuständigkeiten der einzelnen MitarbeiterInnen auf, doch steht auch hier das Team im Mittelpunkt. Unabhängig von ihrer Stellenbeschreibung ist die Arbeit vom freien, nicht autoritären Austausch zwischen den MitarbeiterInnen geprägt.

(5) *Kommunikation zwischen den MitarbeiterInnen*:
Die MitarbeiterInnen sind untereinander sehr offen und direkt, Gespräche sind gekennzeichnet von Humor und Ironie. Mißstimmungen werden direkt thematisiert und geklärt. Bei Versuchen seitens der Besucher/Stricher, MitarbeiterInnen gegeneinander auszuspielen wird die Situation verantwortungsvoll von KollegInnen aufgegriffen und miteinander geklärt.

(6) *Präsenz in der Szene*:
Alle Projekte sind gut in die Szene eingebunden. Verschiedenheiten gibt es in den Arbeitsweisen der StreetworkerInnen. Kontakte zu den Barkeepern und Wirten werden möglichst genauso gepflegt wie die Beziehungen zu den Strichern. Die Kontaktpflege zu den Szenemitgliedern wird unterstützt durch das Verteilen von Kondomen, Info-Broschüren, Rucksäckchen und Gummibärchen – sie dienen als Gesprächseinstieg. Die Themen beziehen sich auf »Neueinsteiger« der Szene, um diese als solche identifizieren und als eventuelle Klienten für das Stricherprojekt zu erkennen. Unterschiede bestehen bei dem Einsatz von Printmedien (zur AIDS-Prävention und AIDS-Aufklärung). Alle Projekte verteilen zwar Broschüren an die Stricher und die Wirte, jedoch Plakate und ausgelegtes Informationsmaterial zum Thema AIDS (in den Lokalen selbst) sind nicht immer vorhanden bzw. sichtbar, was oft an dem Widerstand der Wirte liegt.

(7) *Der Zugang für drogengebrauchende Stricher*:
In zwei Projekten machten die MitarbeiterInnen darauf aufmerksam, daß Stricher auf dem Drogenstrich besser von anderen (spezialisierten) Einrichtungen versorgt werden.

Bei zwei anderen Projekten waren auch die »Drogenstricher« (die möglicherweise der Beschaffungsprostitution nachgehen) in der Anlaufstelle willkommen. Hier wird mit Einrichtungen der Drogenhilfe kooperiert, um drogenspezifische Interventionen organisieren zu können.

In einem Projekt konnte kein Umgang mit drogengebrauchenden Strichern beobachtet werden, da der Besuch hier nur an einem Tag stattfand.

6.4.3.1. Ansätze und Methoden

Für viele MitarbeiterInnen sind Akzeptanz und Klientenorientierung die wichtigsten Ansätze in der Arbeit mit Strichern. Niedrigschwelligkeit und Authentizität in der Stricherarbeit sind für knapp ein Drittel (9 bzw. 8 von 34) der Befragten bei WRIGHT, in der expliziten Fragebogenaktion 21 von 23; und Kontinuität und Parteilichkeit nur für ein Siebtel (jeweils 5 von 34) bei WRIGHT, in der FA 19 bzw. 15 von 23 Befragten wichtige Arbeitsansätze. Tabelle 13 (Eigene Darstellung) zeigt die Gewichtung der Ansätze. Der erhebliche Unterschied in den Prozentzahlen liegt an der ungleichen Fragestellung (bei WRIGHT – Interviews; bei der FA – Multiple-choice-Fragen), hierzu wird in der Diskussion (*Kapitel 7.* dieser Arbeit) genauer Bezug genommen.

(1) Bei der Akzeptanz (bei WRIGHT 44,1%; in der FA 100%) geht es um die Anerkennung des Individuums, seiner Lebensumstände und seiner Entscheidungsfreiheit. Akzeptierende Arbeit mit Strichern steht eng mit dem Begriff »Eigenverantwortlichkeit« im Zusammenhang.

Tabelle 13: Arbeitsansätze in der Arbeit mit Strichern

Ansätze	WRIGHT (*Dvl.* 2000, S. 29f.)	FA (2002, Graphik 1, im Anhang)
(1) Akzeptanz	44,1% (15)	100% (23)
(2) Klientenorientierung	44,1% (15)	78,3% (18)
(3) Niedrigschwelligkeit	26,4% (9)	91,3% (21)
(4) Authentizität	23,5% (8)	91,3% (21)
(5) Kontinuität/Verläßlichkeit	14,7% (5)	82,6% (19)
(6) Parteilichkeit	14,7% (5)	65,2% (15)
(Mehrfachnennungen)	n=34 von 49	n=23 von 45

Das Wechselspiel zwischen Eigenverantwortlichkeit und Akzeptanz steckt die Möglichkeiten und Grenzen innerhalb der praktischen Arbeit ab.

(2) Klientenorientierung (bei WRIGHT 44,1%; in der FA 78,3%) bedeutet, die Wünsche und Vorstellungen des Strichers in den Mittelpunkt der Arbeit zu stellen und den individuellen Entwicklungsprozeß jedes Einzelnen zu respektieren.

(3) Niedrigschwellige Angebote sind gekennzeichnet durch eine szenenahe Arbeitsweise, subkulturelle und szenesprachliche Kenntnisse, haben einen aufsuchenden Charakter (Streetwork) und sind offen gegenüber den

Herkunftskulturen und Sprachen bei Migranten. Die Niedrigschwelligkeit (bei WRIGHT 26,4%; in der FA 91,3%) bedeutet keine Kontrollinstanz und Anpassung an die Strukturen der Einrichtung, sie setzt auch keine Hilfesuche voraus – die Stricher können sich in der Einrichtung aufhalten, ohne mit den MitarbeiterInnen reden zu müssen. Die Anlaufstelle kann, außerhalb der Szene, als Ruheraum genutzt werden um dem dort herrschenden Druck und der Verfolgung (Konfrontation, Überwachung) durch die Polizei zu »entkommen«.

(4) Authentizität (bei WRIGHT 23,5%; in der FA 91,3%) in der Arbeit mit Strichern beinhaltet Echtheit, Erkennbarkeit und Transparenz. Authentisches Verhalten der MitarbeiterInnen gegenüber dem Stricher kann bedeuten, daß in einem Gespräch bewußt Kritik geübt wird und somit die Weiterentwicklung des Strichers unterstützt wird. Das Gespräch ist sinnvoll, wenn es konstruktiv geführt wird und Lösungsmöglichkeiten zuläßt. Authentizität steht für die Selbstreflexion, die Transparenz, die Natürlichkeit und das Einbringen der eigenen Person/Persönlichkeit in der Arbeit. Dieser Ansatz geht über die üblichen Vorstellungen von der klassischen Rolle der Sozialarbeit hinaus und ermöglicht den Aufbau eines Vertrauensverhältnisses zwischen MitarbeiterInnen und Strichern.

(5) Kontinuität/Verläßlichkeit (bei WRIGHT 14,7%; in der FA 82,6%) und Verbindlichkeit haben eine Vorbildfunktion der MitarbeiterInnen gegenüber dem Stricher. Hierunter fallen regelmäßige Präsenzzeiten in der Szene, die regelmäßigen Öffnungszeiten der Anlaufstelle und klare Regeln. Für Stricher ist es wichtig, sich auf die MitarbeiterInnen verlassen zu können, da Unsicherheiten und Unregelmäßigkeiten ihren Alltag bestimmen und ihre eigene Lebensplanung oft in den Hintergrund tritt. Durch die Verläßlichkeit erhöht sich auch für sie die Notwendigkeit, verläßlich zu sein. Dennoch ist es wichtig, ihnen genügend Freiraum zu lassen, denn Strukturen, die einen zu hohen Grad an Verbindlichkeit auf Seiten der Stricher voraussetzen, sind hochschwellig und schrecken diese eher ab.

(6) Parteilichkeit (bei WRIGHT 14,7%; in der FA 65,2%) setzt die Interessenvertretung der Stricher voraus. Die MitarbeiterInnen handeln ausschließlich in Absprache mit den Strichern und vertreten deren Interessen bei Behörden und anderen Institutionen des Sozial- und Gesundheitswesens. In der Arbeit mit Strichern ist Parteilichkeit von großer Bedeutung, diese schließt Kritik jedoch nicht aus. Kritik ist in manchen Fällen sinnvoll und effektiv, sie unterstützt eigenverantwortliches Handeln. In der Stricherszene herrschen eigene Verhaltensregeln in bezug auf Umgang, Sprache

121

und andere Ausdrucksformen. Diese »Codes« dienen als Abgrenzung gegenüber der Gesellschaft. Die kontinuierliche Präsenz der StreetworkerInnen in der Szene demonstriert die Parteilichkeit für diese Zielgruppe. Um die gruppenspezifischen »Codes« und Verhaltensweisen der Stricher zu verstehen, sind Offenheit und Interesse der MitarbeiterInnen wichtige Voraussetzungen. Aktivitäten im Bereich »Freierarbeit« müssen gegenüber den Strichern transparent gemacht werden um Interessenkonflikte zu vermeiden. Ergänzend in der eigenen Erhebung (FA 2002) werden von den MitarbeiterInnen weitere Arbeitsansätze benannt (*die Aufzählung stellt keine Gewichtung dar*):

» kostenlose Angebote wie Notschlafplätze, Beratung und Anlaufstelle;

» Grenzen setzten in der Anlaufstelle, soziales Lernen;

» Fähigkeit zur interkulturellen Arbeit, Sprachkompetenz, Jungenarbeit, solidarische Arbeit;

» Offenheit, Ehrlichkeit, Empathie, Konfrontation, Beziehungsarbeit, Freiwilligkeit, Anonymität, Humor, Vorurteilslosigkeit.

6.4.3.2. Ziele

Da sich die Stricherprojekte als Gesundheitsförderung nach der Definition der Weltgesundheitsorganisation (WHO) verstehen (*wie in Kapitel 6.1. beschrieben*), ist es naheliegend, daß die MitarbeiterInnen die »Stabilisierung der Lebensverhältnisse« als ein wichtiges Ziel angaben (mehr als die Hälfte bei WRIHGT; in der FA mit 91.3%).

WRIGHT (*Dvl.* 2000, S. 30) merkt an, daß die Grundversorgung, wie Wohnung, Essen, Kleidung etc. bei vielen Strichern fehlt. Das bedeutet für die Projekte vor allem, Hilfe zur Befriedigung der Grundbedürfnisse zu leisten (und dies über einen längeren Zeitraum). Ein weiteres wichtiges Ziel ist die Hilfe zur Selbsthilfe, in der Tabelle 14 (Eigene Darstellung) benannt als Emanzipation/Stärkung des Selbstbewußtseins (bei WRIGHT 44,7%; bei der FA 87,0%), die als Grundlage für die Hilfe zur Selbsthilfe gesehen werden. Die Lebenslage der Stricher[72] ist unter anderem geprägt durch die Stigmatisierung der männlichen Prostitution und der Mißachtung in der Szene. Dies und die mangelnde soziale und intellektuelle Kompetenz sind

---

[72] siehe hierzu noch einmal: »*Psychosoziale Situation*« Kapitel 4.4. dieser Arbeit

Gründe für ein schwach ausgeprägtes Selbstbewußtsein. Hilfe zur Selbsthilfe bedeutet auch, Präsenz als Ansprechpartner (bei WRIGHT 39,4%; bei
der FA 91,3%) zu zeigen, verläßliche Beziehungen zu bieten und die Ei-
geninitiative der Stricher sowie die daraus entstehenden Strukturen zu unterstützen. Elemente dafür sind unter anderem die Vorbereitung von Gesprächen bei anstehenden Ämtergängen (Stärkung des Selbstbewußtseins,
um für sich selbst sprechen zu können) und/oder die Begleitung beim Gang
zur Behörde. Die Tabelle 14 (Eigene Darstellung) zeigt weitere Ziele, die
den MitarbeiterInnen bei der Arbeit mit männlichen Prostituierten wichtig
sind.

Tabelle 14: Ziele der Arbeit mit männlichen Prostituierten

Ziele	WRIGHT (*Dvl.* 2000, S. 30)	FA (2002 Graphik 2, im Anhang)
Stabilisierung der Lebensverhältnisse	55,2% (21)	91,3% (21)
Emanzipation/Stärkung des Selbstbewußtseins	44,7% (17)	87,0% (20)
Präsenz als Ansprechpartner	39,4% (15)	91,3% (21)
HIV-Prävention	31,6% (12)	95,7% (22)
Ausstiegsmöglichkeiten	28,9% (11)	78,3% (18)
Klientenorientierter Arbeitsansatz	26,3% (10)	60,9% (14)
Entstigmatisierung von Strichern	23,7% (9)	87,0% (20)
Prävention von STD´s	13,1% (5)	95,7% (22)
Werbung für das Projekt in der Szene	10,5% (4)	60,9% (14)
Psychosoziale Betreuung der Klienten	7,9% (3)	78,3% (18)
(Mehrfachnennungen)	n=38 von 49	n=23 von 45

Der klientenorientierte Arbeitsansatz (bei WRIGHT 26,3%; bei der FA
60,9%) beinhaltet das individuelle Aushandeln der Ziele – gemeinsam mit
dem Betroffenen. Hierbei stehen die Wünsche und Bedürfnisse des Strichers im Vordergrund, und nicht die des Mitarbeiters. Die folgende Aussage
eines Strichers verdeutlicht dieses:

*„Sie versuchen zu helfen, so viel sie können. Sie versuchen, dich nicht vom
Anschaffen wegzubringen, sondern arbeiten mit dir zusammen an den Sachen, die du vorhast"* (WRIGHT *Dvl.* 2000, S. 42).

Zur Entstigmatisierung von Strichern (bei WRIGHT 23,7%; bei der FA
87,0%) gehört auch die politische Arbeit innerhalb des Stricherprojekts.

Hierzu zählen unterschiedliche Bereiche, wie die Menschenrechte, Prostitution, Obdachlosigkeit, Drogenarbeit, Arbeitslosigkeit, Migrantenarbeit, Jungenarbeit und Jugendarbeit. Die praktische politische Arbeit besteht unter anderem aus folgenden Merkmalen:

» Vernetzung mit anderen Organisationen.

» Öffentlichkeitsarbeit zur Situation von Strichern in der Gesellschaft.

» Lobbyarbeit zu Themen wie Entkriminalisierung des Drogengebrauchs und die rechtliche Anerkennung der Prostitution.

» Einsetzen für die Bedürfnisse und Interessen der Zielgruppe und aktives Arbeiten an der Enttabuisierung relevanter Aspekte wie Prostitution und Homosexualität.

Der AKSD (2002, S. 23) konstatiert hierzu, daß die Arbeit mit Strichern nicht den politischen Aspekten ausweichen kann. Schon allein die Einrichtung einer Anlaufstelle ist wegen der gesellschaftlichen Ausgrenzung ein politisches Statement.

Das Faktum, daß ein Stricherprojekt durch eine Stadt als förderungswürdig eingestuft und entsprechend subventioniert wird (WRIGHT *Dvl.* 2000, S 57) bedeutet, daß die Kommunen die Bedürfnisse der Stricher akzeptieren und ihnen (zumindest teilweise) gerecht werden will.

6.4.3.3. Qualitätsmerkmale und Qualitätssicherung

In der Evaluierung von WRIGHT (*Dvl.* 2000) und der FA (2002, in expliziter Fragestellung) wurden die Mitarbeiter der einzelnen Projekte auch nach den Qualitätsmerkmalen und der Qualitätssicherung befragt. Die Tabellen 15 und 16 (Eigene Darstellung) stellen die Gewichtung dar.

Am häufigsten wurden bei WRIGHT (43,2%) die Rückmeldung/Reaktion (bei der FA 82,6%, häufigste Nennung hier ist die Teamarbeit mit 91,3%) der Klienten als Zeichen für die Qualität der Stricherarbeit genannt.

Unter den Stichworten Berechenbarkeit/Verbindlichkeit (bei WRIGHT 32,4%; bei der FA 73,9%) fallen auch: die Kontinuität, eine geringe Fluktuation der MitarbeiterInnen, Transparenz der Arbeit sowie die Arbeitszeiten.

Neben regelmäßigen Rückmeldungen von Kollegen (bei WRIGHT 21,6%; bei der FA 65,2%) gehören auch die Teilnahme an Supervisionsveranstaltungen (bei WRIGHT 21,6%; bei der FA 73,9%) und die Arbeit nach festen Konzepten/Zielen zu den Qualitätsmerkmalen.

Tabelle 15: Qualitätsmerkmale

Qualitätsmerkmale	WRIGHT (*Dvl.* 2000, S. 33f.)	FA (2002, Graphik 3, im Anhang)
Rückmeldung/Reaktion der Klienten	43,2% (16)	82,6% (19)
Berechenbarkeit/Verbindlichkeit	32,4% (12)	73,9% (17)
Erfolg in der Arbeit	21,6% (8)	60,9% (14)
Rückmeldung von Kollegen	21,6% (8)	65,2% (15)
Supervision	21,6% (8)	73,9% (17)
Niedrigschwelligkeit	18,9% (7)	87,0% (20)
Professionalität	16,2% (6)	87,0% (20)
Fortbildung	13,5% (5)	78,3% (18)
Bereitschaft zur Selbstreflexion	13,5% (5)	82,6% (19)
Teamarbeit	1,8% (4)	91,3% (21)
Fundierte Ausbildung	8,1% (3)	73,9% (17)
(Mehrfachnennungen)	n=37 von 49	n=23 von 45

Unter Professionalität (bei WRIGHT 16,2%; bei der FA 87,0%) sind Fachkenntnisse bestimmter Grundkompetenzen und das Befolgen von sozialpädagogischen Ansätzen sowie bestimmte persönliche Merkmale, wie die Fähigkeit zur Kritik und Selbstkritik und die Klarheit über die eigene Sexualität[73] und Freundlichkeit als wichtige Qualitätskriterien zusammengefaßt.

Weiterhin gehören zu einer qualitativ guten Arbeit Möglichkeiten zur Fortbildung (bei WRIGHT 13,5%; bei der FA 78,3%) und die Bereitschaft zur Selbstreflexion (bei WRIGHT 13,5%; bei der FA 82,6%).

Bei der Festlegung von Qualitätsmerkmalen der Arbeit mit Strichern besteht das Problem, daß die Arbeit stark von den prekären Lebenssituationen (WRIGHT *Dvl.* 2000) der Stricher abhängig ist. Ein Mitarbeiter in einem Projekt beschreibt die Problemlage zusammenfassend:

„Ich weiß nicht, was in der Arbeit möglich ist. Sehr viel ist von den Klienten abhängig, was gemacht und was nicht gemacht wird. (...) Ich sehe kein Ende und keinen Anfang in der Arbeit. Ich weiß nicht, ob es Sinn macht. Wenn ein Ziel erreicht wird, kann man es merken. Einzelne Ziele können gesetzt werden, aber es ist nicht klar, wann die Ablösung stattfinden soll. Ich fände es besser, wenn es klare Kriterien geben könnte, wann das Ende für Klienten sein soll" (WRIGHT *Dvl.* 2000, S. 34).

---

[73] in *Kapitel 6.5.* dieser Arbeit wird die Wichtigkeit der sexuellen Ausrichtung der MitarbeiterInnen deutlich

In der Tabelle 16 (Eigene Darstellung) sind die wichtigsten Merkmale der Strukturen, welche der Qualitätssicherung der Stricherarbeit dienen, beschrieben. In den Aussagen der MitarbeiterInnen wird deutlich, welchen bedeutenden Stellenwert das Team (bei WRIGHT 64,8%; bei der FA 100%) innerhalb der Sozialarbeit hat. Es übernimmt eine Art »Stützfunktion«. Entscheidungen werden zwar von den einzelnen MitarbeiterInnen selbst getroffen, diese werden jedoch vom Team mitgetragen (WRIGHT *Dvl.* 2000, S. 34), reflektiert und kritisiert.

Tabelle 16: Qualitätssicherung

Qualitätssicherung	WRIGHT (*Dvl.* 2000, S. 33f.)	FA (2002, Graphik 4, im Anhang)
Team	64,8% (24)	100% (23)
Supervision	51,3% (19)	87,0% (20)
Rückmeldung von Kollegen	37,8% (14)	78,3% (18)
Vernetzung[74]	21,6% (8)	87,0% (20)
Austausch mit anderen Projekten	21,6% (8)	82,6% (19)
Fort- u. Weiterbildung	13,5% (5)	91,3% (21)
(Mehrfachnennungen)	n=37 von 49	n=23 von 45

Die Qualitätssicherung erfolgt über die Bereiche: Teamsitzung, Supervision (bei WRIGHT 51,3%; bei der FA 87,0%), Austausch unter den Kollegen (bei WRIGHT 37,8%; bei der FA 78,3%), Vernetzung (bei WRIGHT 21,6%; bei der FA 87,0%) mit anderen Stricherprojekten und Einrichtungen (bei WRIGHT 21,6%; bei der FA 82,6%) und durch Fort- und Weiterbildung (bei WRIGHT 13,5%; bei der FA 91,3%).

Darüber hinaus wünschen sich die MitarbeiterInnen mehr Struktur und weniger Beliebigkeit der Arbeit. Eine fachliche Kontrolle im Team (WRIGHT *Dvl.* 2000, S. 35) wäre wichtig für die Weiterentwicklung des Teams, um mehr fachlichen Diskurs geben zu können und dadurch die Qualität der Arbeit zu verbessern. In der FA (2002) werden weitere Qualitätsmerkmale benannt: Vernetzung mit anderen Projekten, innovativ tätig sein und die Bereitschaft über »den Tellerrand« zu schauen. Zur Qualitätssicherung werden (von einem Mitarbeiter) Evaluation und Dokumentation benannt.

---

[74] In der FA (2002) werden als Kooperationspartner angegeben: die AIDS-Projekte und AIDS-Hilfen, Ärzte, Sozialamt, Jugendamt, Wohnungsamt, Wohneinrichtungen für Migranten und Volljährige, Einrichtungen der Jugendhilfe, betreute Wohngruppen und die regelmäßigen AKSD-Treffen (halbjährlich, alle Stricherprojekte).

Änderungsvorschlage für die Projekte, kurz-, mittel- und langfristig gesehen, werden angegeben mit Verbesserung der Arbeitsstrukturen, Ergänzung der Angebote, bessere Bezahlung, mehr Arbeitsstunden, besser geregelte Arbeitszeiten, mehr Fördermittel für das Projekt (*Gewichtung siehe Graphik 6 im Anhang*). Ergänzend wurden: Sicherung des Projektes durch die Politik, weniger Bürokratie durch Zuwendungsgeber, Jugendpolitik und neue Wege (durch Internet, Pornokinos) bei der Klientengewinnung angegeben.

6.4.3.4. Feststellung der Bedürfnisse von Strichern

Der Großteil der MitarbeiterInnen nutzen Einzelgespräche, um sich einen Gesamtüberblick über die Bedürfnisse der Zielgruppe verschaffen zu können. Zur Bedürfnisfeststellung gibt es unterschiedliche Möglichkeiten. Die MitarbeiterInnen der einzelnen Projekte gehen hierbei individuell vor, da es keine standardisierte Bedürfnisfeststellung gibt. Nach Aussagen der MitarbeiterInnen ergeben sich hierbei Schwierigkeiten durch die mangelnde Fähigkeit vieler Stricher, ihre eigenen Bedürfnisse klar zu formulieren. Einige MitarbeiterInnen sehen dieses Problem sogar als Hindernis bei der Arbeit. In der Tabelle 17 (Eigene Darstellung) sind die Möglichkeiten aufgeführt, die von den MitarbeiterInnen genutzt werden, um die Bedürfnisse der Stricher festzustellen.

Tabelle 17: Bedürfnisfeststellung von Strichern

Möglichkeiten	WRIGHT (*Dvl.* 2000, S. 44f.)	FA (2002, Graphik 5, im Anhang)
Einzelgespräche	85,7% (30)	100% (23)
Kollegialer Austausch	34,8% (12)	91,3% (21)
Langjährige Erfahrung mit der Zielgruppe	31,4% (11)	91,3% (21)
Regelmäßige Kontakte zur Szene	22,8% (8)	78,3% (18)
Nachfrage/Nutzung eines Angebotes	22,8% (8)	82,6% (19)
Analytische Verfahren	11,4% (4)	47,8% (11)
(Mehrfachangaben)	n=35 von 40	n=23 von 45

Neben den Einzelgesprächen (bei WRIGHT 85,7%; bei der FA 100%) als Informationsquelle wurden der kollegiale Austausch (bei WRIGHT 34,8%; bei der FA 91,3%) über die Lebenssituation der Stricher und die langjährige Erfahrung mit der Zielgruppe (bei WRIGHT 31,4%; bei der FA 78,3%) mit männlichen Prostituierten angegeben. Die regelmäßigen Kontakte zur Szene (bei WRIGHT 22,8%; bei der FA 78,3%) bieten Gesprächsmöglichkeiten mit den Strichern, die noch keinen Kontakt zur Beratungsstelle haben, sowie zu den Freiern.

Die individuelle Nutzung der Angebote (bei WRIGHT 22,8%; bei der FA 82,6%) seitens der Stricher kann einen Überblick über die jeweiligen Bedürfnisse geben, je nachdem, wie hoch oder niedrig die Frequentierung aussieht. Das analytische Verfahren (bei WRIGHT 11,4%; bei der FA 47,8%) wird hauptsächlich in Form von Bewertungsbögen nach Veranstaltungen (Freizeitangebote etc.) angewandt. Die Verfahren beziehen sich auf die Analyse der Situation der Zielgruppe in der Stadt, auf eine »Zukunftswerkstatt« in Form eines Gruppengesprächs mit den Strichern, auf Fragebögen für osteuropäische Jungs und auf den Erfahrungsaustausch bei den Mitarbeitertreffen.

6.5. PERSÖNLICHKEIT UND SEXUELLE IDENTITÄT DER MITARBEITER

Wie schon an anderer Stelle beschrieben, sind männliche Prostituierte eine heterogene[75] Zielgruppe mit unterschiedlichen Persönlichkeiten, Lebenssituationen, Problemstellungen und Erfahrungen. Dementsprechend sind die Bedürfnisse der Jungs bezüglich der Ansprechpartner und deren Geschlecht, der Persönlichkeit und der sexuellen Identität unterschiedlich. In den Projekten arbeiten überwiegend heterosexuelle Frauen und homosexuelle Männer (siehe Graphik 7, im Anhang). Dieser Umstand ist nach Aussagen der Stricher insofern wichtig, als daß sie die oder den für sich richti-

---

[75] siehe »Männliche Prostitution als Teil der homosexuellen Subkultur« Kapitel 2. dieser Arbeit

ge/n Ansprechpartner/in finden können (WRIGHT *Dvl.* 2000, S. 53). Hierzu drei Aussagen von Strichern:

„Wenn es nur Schwule wären, wäre das zu viel – zu viel Szene."

„Manchmal kann man mit einem Mann besser reden, manchmal mit einer Frau."

„Einige kommen eher mit Frauen klar, andere mit Schwulen, andere mit beiden" (WRIGHT *Dvl.* 2000, S. 41).

So ist zum Beispiel in der Projektbeschreibung bei LOOKS e.V. (o.J., S. 18) zu lesen, daß, wenn Frauen im Leben der Jungs Ansprechpartnerinnen für Probleme waren, sie in ihrer Einrichtung zunächst auch wieder das Gespräch mit einer Frau suchen. Bei Fragen zu gesundheitlichen Risiken, zu bestimmten sexuellen Praktiken oder bezüglich des Coming-Out`s werden eher die schwulen Mitarbeiter angesprochen. Um den verschiedenen Bedürfnissen und Anliegen der Stricher gerecht zu werden, bieten die Stricherprojekte männliche und weibliche MitarbeiterInnen an, die authentisch mit ihrer persönlichen Geschlechterrolle, ihrer eigenen sexuellen Identität und ihrer Persönlichkeit umgehen.

Der AKSD (2002, S. 29f.) konstatiert, daß Männer und Frauen in der Arbeit mit männlichen Prostituierten unabdingbar sind. Die Gründe sind im folgenden zusammengefaßt:

(1) *Merkmale der Männer:*

» Bei Themen wie männliches Rollenbewußtsein, männliche Sexualität, Coming-Out etc. bringen Männer eigene Erfahrungen in die Arbeit ein.

» Männer bieten Identifikationsmöglichkeiten für die Zielgruppe und erfüllen dadurch eine Vorbildfunktion.

» Im Umgang mit männlichen Mitarbeitern entfällt weitgehend das rollenspezifische männliche Imponiergehabe, somit wird die Gestaltung einer professionellen Beziehung erleichtert.

» Bestimmte Orte der männlichen Prostitution (Stricherkneipen, Bars, Bordelle und andere) sind für Frauen nicht zugänglich.

(2) *Merkmale der Frauen*:

» Frauen haben oft einen anderen Zugang zu den Strichern als ihre männlichen Kollegen und sind sozialisationsbedingt als Ansprechpartnerinnen vertraut.

» Eine Frau als Streetworkerin fällt in der Szene erst einmal auf. Viele Erstkontakte entstehen allein aus Neugier darüber, was eine Frau in der Szene zu suchen hat. Sie sind auf den ersten Blick keine potentiellen Kunden (wobei es auch gelegentlich Kundinnen gibt), der Erstkontakt kann dadurch umfangreicher werden.

» Streetworkerinnen können in der Arbeit mit transsexuellen Strichern authentische Informationen zur Weiblichkeit vermitteln sowie Bilder und Phantasien von Weiblichkeit reflektieren.

Das EU-Projekt EURO-KOPS konstatiert: „In einem geschlechtsgemischten Team können Nachsozialisierungsprozesse durch einen familienorientierten pädagogischen Ansatz stattfinden, in dem die Mitarbeiter und Mitarbeiterinnen als Vater- bzw. Muttersubstitut fungieren können. Das pädagogische Team kann als Erfahrungshintergrund und damit als Vorbild für Klienten dienen, um positive Bilder und konstruktive Verhaltensweisen aufzeigen, wie man miteinander umgeht. In diesem Kontext können Phantasien und Vorstellungen über eine »ideale« Familie aktiviert werden. Erlebte Defizite in der familiären Sozialisation können benannt und bearbeitet werden, um traumatische Erfahrungen zu überwinden" (EU-Projekt EURO-KOPS,o.J., S. 49).

VII.

ZUSAMMENFASSUNG

Stricher sind eine heterogene Gruppe von Kindern Jugendlichen und jungen Erwachsenen zwischen ca. 10 und 25 Jahren. Gemeinsam ist ihnen, daß sie junge Menschen am Rand der Gesellschaft sind und mehr oder weniger häufig anschaffen gehen, um ihren Lebensunterhalt zu verdienen. Die Prostitution ist dabei eher als Mittel zum Zweck des (Über-) Lebens zu betrachten. Stricher lassen sich mehr oder weniger in zwei Gruppen einteilen: Stricher ohne professionellem Bewußtsein, meistens Minderjährige die sich selbst als heterosexuell definieren, und Stricher mit professionellem Bewußtsein, eher die Callboys und Jungs die offen zu ihrer Homosexualität stehen. Zu den Strichern *ohne* professionellem Bewußtsein gehören: Jungs, die anschaffen weil sie in bestimmten Notlagen sind; die auf der Suche nach ihrer sexuellen Identität sind; die im Coming-Out sind; die anschaffen und nebenbei oder gezielt Freier »abziehen«; die Mißbrauchserfahrungen kompensieren, sowie Trebegänger. Zu den Strichern *mit* professionellem Bewußtsein gehören: Callboys mit eigenem Appartement; Stricher, die in Bordellen und Kneipen anschaffen - die ihren Marktwert kennen; sich nicht unter Wert verkaufen; die anschaffen, um bestimmte langfristige Vorhaben zu finanzieren; die klare Absprachen machen, die sich auf bestimmte Sexualpraktiken spezialisiert haben, die Prostitution als Beruf betrachten. Prostituierte ohne professionellem Bewußtsein werden professionellen Prostituierten und den Gelegenheitsstrichern (die Prostitution nur als Nebenerwerb betreiben) sowie der Prostitution als Teil der kleinkriminellen Subkultur gegenübergestellt. Aus der Literatur geht hervor, daß sich die

Dauer der Prostitution auf wenige Jahre beschränkt. Die Prostitution kann als vorübergehender »Zustand« beschrieben werden (*siehe Tabelle 2*).

Bei den Gründen für die Prostitution steht Geld an erster Stelle, gefolgt von Sex sowie Spaß und Abenteuer. Weitere Gründe sind: Die Suche nach Aufmerksamkeit und Geborgenheit, nach persönlicher und sozialer Akzeptanz, nach sexueller Identität und Kommunikation mit anderen Menschen. Nach der Selbsteinschätzung der Prostituierten unterteilen sie sich in hetero-, homo- und bisexuelle Männer (*siehe Tabelle 11*). Der erste Kontakt mit dem Strich erfolgt häufig durch Gleichaltrige, das heißt Mitbewohner im Jugendheim, Trebegänger und durch Ansprechen seitens älterer Männer an öffentlichen Plätzen wie Bahnhof, Kaufhäuser, Parks und anderen Orten. In der Regel ist die Lage, in der sich der Prostituierte zum Zeitpunkt des Einstiegs befindet, geprägt durch materielle, finanzielle und/oder psychische Schwierigkeiten. Viele der Stricher wurden in ihrer Kindheit sexuell mißbraucht (*siehe Tabelle 6*).

Jungs die anschaffen sind Jugendliche und junge Erwachsenen die zur Schwulenszene gehören, obwohl viele von ihnen sich über ihre sexuelle Identität noch nicht im klaren sind. Sie bieten Sex gegen Geld an, sind zu einem großen Teil obdachlos, haben Suchtprobleme und bewegen sich auf strafrechtlich sanktioniertem Gebiet. Stricher sind besonders durch Krankheiten, vor allem HIV/AIDS, gefährdet. Sie wissen zwar um die Gefahr von AIDS, ihnen fehlt jedoch die eigene Handlungskompetenz. Sie befinden sich allgemein in einer schwachen Position, leben auf der Straße, arbeiten spät nachts. Immer häufiger zahlen Freier auch mit Rauschmitteln.
Die sexuelle Interaktion zwischen Stricher und Freier findet in der Regel in den Wohnungen der Freier, in einem Stundenhotel, im Wagen des Freiers und/oder direkt am Ort der Kontaktaufnahme (Klappen, Pornokinos, Park) statt. Auf dem Bahnhofsstrich herrscht eine hohe Fluktuation. Stricher, die sehr oft im Bahnhofsbereich präsent sind, sinken im Ansehen bei den Freiern.

Zu den Institutionen, die sozialisierend auf Kinder und Heranwachsende wirken, gehören unter anderem: die Familie und staatliche Institutionen, wie Heimerziehung. Sie haben teils ergänzende teils konkurrierende Ansprüche, die auf den Sozialisationsprozeß des Einzelnen wirken. Alle Studien stimmen darin überein, daß männliche Prostituierte fast ausnahmslos

Heimaufenthalte hinter sich haben. MÖBIUS (1990) beschreibt die meisten Stricher, die in Kontakt mit Streetworkern stehen, als obdachlos. Sie leben auf der Straße, bei einem Freier oder – wenn das Geld reicht – in einem Pensionszimmer, das sie sich mit anderen teilen. Das Leben auf der Straße bedeutet auch, ohne feste Rückzugsmöglichkeit zu sein, schlechte Ernährung, Schlafmangel, hoher Alkohol- und Nikotinkonsum, Streß, Verlassenheit und Verzweiflung. Die mangelnde Körperhygiene ist abhängig von der jeweiligen individuellen Lebenslage, in der sich der Stricher befindet. Fast alle Stricher unterliegen in irgendeiner Form einer Suchtproblematik. Diese kann sich sowohl im illegalen als auch im legalen Bereich bewegen. Eine Vielzahl der Stricher erlebte in ihrer Kindheit und Jugend negative Sozialisationserfahrungen. Neben den zuvor erwähnten längeren Heimaufenthalten, spielen sexueller Mißbrauch, Gewalt, Beziehungsabbrüche, Alkohol- und/oder Drogenkonsum in der Familie und Ablehnung durch einen Elternteil, eine große Rolle. Die Situation der Stricher ist gekennzeichnet durch eine fehlende soziale Anbindung an Familie und Freunde, der Suche nach Geborgenheit, Zuwendung und häufig auch Vaterersatz, sowie ein fehlendes Selbstbewußtsein bei gleichzeitigem Druck gegenüber Freiern und anderen Strichern (Konkurrenzdruck in der Stricherszene). Hinzu kommen vielfältige Abhängigkeitsverhältnisse und Ausnutzungsebenen.

Offensichtlich ist, daß Stricher angesichts der sozialen und psychischen Defizite nur schwerlich eine eigene Identität aufbauen können wenn hierbei berücksichtigt wird, daß selbst unter idealen Bedingungen die Adoleszenz eine Zeit des Wachstums ist. Sexuelles Ausprobieren ist mit zahllosen Verunsicherungen verbunden (ABLE-PETERSON 1991).

Soziale Gegebenheiten erschweren dem Stricher die Annahme der eigenen Homosexualität. Viele lehnen diese nach außen vehement ab. Die sexuelle Identität des Strichers ist wichtig, um gerade auch in Gewalt endende Formen des Kontaktes zwischen Stricher und Freier zu verstehen. Die Homophobie des Strichers ist oft eine Ursache, wenn es zu Mord und Totschlag eines Freiers kommt (WAGNER 1990). Auch die doppelte Diskriminierung des Strichers, als Prostituierter einerseits und als potentieller oder faktisch Homosexueller anderseits, kann eine weitere Ursache für Gewaltbereitschaft sein (SCHICKEDANZ 1979).

Die Erwartung an die Sozialarbeit/Sozialpädagogik - Einstellungen und Verhaltensweisen von Klienten deren Sozialisation als fremd oder defizitär
angesehen wird zu korrigieren - legt die Theoriebildung aufgrund von Erfahrungen nahe, daß diese nur nach Offenlegung und Diskussion der dabei
zugrundegelegten Wertungen und Maßstäbe geschehen sollte. Ihre Tätigkeit ist nicht die Korrektur zwischenmenschlicher Beziehungen sondern eine ganzheitliche Betrachtungsweise in bezug auf die sozialen, materiellen
und kulturellen Verhältnisse unter denen Menschen aufwachsen und leben.
Soziale Handlungskonzepte zur männlichen Prostitution finden in Deutschland (überwiegend und vorzugsweise) ihren Ausdruck in Stricherprojekten.
Projekte sind spezielle Angebote innerhalb bereits etablierter Arbeitsbereiche. Sie sind als neu formierte Sektoren sozialer Arbeit - zu den traditionel-
len Wohlfahrtsverbänden oder staatlichen und kommunalen Institutionen -
zu verstehen. Projekte formieren und etablieren sich am Rand gesellschaftlicher Themenkomplexe, die von den angestammten Trägern sozialer Arbeit (noch) nicht erkannt wurden. Sie versuchen objektiv bestehende soziale Problemlagen mit neuen, unkonventionellen Mitteln anzugehen und die
Menschen, die bis dahin nicht professionell in Wohlfahrtsinstitutionen integriert waren, unter Berücksichtigung der Problemlagen Hilfe zu bieten.

Die Dokumentation der vorliegenden Arbeit ist fachlich (durch die eigene
Erhebung) und wissenschaftlich (durch Literatur) begleitet und stellt eine
Grundlage für Informationen über die Lebenswelt und Lebenslage der Stricher sowie die Handlungsperspektiven der Sozialen Arbeit in der Stricher-
Szene dar. Die qualitativen und quantitativen Daten der Analyse der Stricherprojekte wurden in Form von Fragebögen erhoben (*siehe hierzu Anhang*), welche sich an die Prozeßevaluierung von WRIGHT (durchgeführt
1999) anlehnen.
   Beide Untersuchungen kommen in Bezug auf Arbeitsansätze, Ziele,
Qualitätsmerkmale und Qualitätssicherung der Arbeit sowie der Bedürfnisfeststellung von Strichern, zu dem Ergebnis (Darstellung nach Gewichtung):

(1) Die Stricherprojekte in der sozialen Arbeit sehen *Akzeptanz, Niedrigschwelligkeit* und *Authentizität* als wichtigste Arbeitsansätze (aus der eigenen Erhebung 2002). Bei der Befragung von WRIGHT (*Dvl.* 2000) werden *Akzeptanz* und *Klientenorientierung* gefolgt von *Niedrigschwelligkeit*
benannt (*siehe Tabelle 13*).

(2) Bei den angegebenen Zielen der Projekte steht an erster Stelle die *Gesundheitsförderung* (HIV- und AIDS-Prävention) und an zweiter Stelle die allgemeine *Präsenz als Ansprechpartner* für die Stricher. Die Ergebnisse stimmen mit den Angaben aus der Evaluation von WRIGHT (*Dvl.* 2000) überein (*siehe Tabelle 14*).

(3) Deutliche Unterschiede sind allerdings bei der Auswertung der Qualitätsmerkmale zu erkennen. Während in der eigenen Erhebung *Teamarbeit, Professionalität* und *Niedrigschwelligkeit* als wichtigste Merkmale benannt werden, weichen die Ergebnisse bei WRIGHT (*Dvl.* 2000) deutlich ab. In seiner Untersuchung werden die *Rückmeldung von Klienten, Verbindlichkeit* und der *Erfolg in der Arbeit* hervorgehoben (*siehe Tabelle 15*).

(4) Die Qualitätssicherung erfolgt bei beiden Erhebungen hauptsächlich durch das *Team* (Anregungen, Vorschläge, Ideen, fachlicher Austausch) und durch *Supervision*. In der eigenen Erhebung kommt statt der *Rückmeldung seitens der Kollegen* (bei WRIGHT) die *Vernetzung* mit anderen Projekten und Einrichtungen hinzu (*siehe Tabelle 16*). Die Qualitätssicherung dient der Auseinandersetzung mit Schlüsselprozessen, der Analyse von Stärken und Schwachstellen, der Leitbildentwicklung und Zielplanung sowie der Konzeptbildung. Bei der Prozeßevaluierung von WRIGHT liegt der Schwerpunkt (wie schon in der Einleitung beschreiben) nicht auf den Ergebnissen, sondern auf den Prozessen der tagtäglichen Arbeit innerhalb der Projekte, um berufliche Standards für die Stricherarbeit zu unterstützen und weiterzuentwickeln. Aus den Ergebnissen der eigenen Erhebung geht hervor, daß die Netzwerkarbeit immer mehr an Bedeutung gewinnt. Vernetzungsaktivitäten sind der Erfahrungsaustausch und die Kooperation, die sich in Zusammenarbeit mit Personen, Einrichtungen, Diensten und Initiativen aus den Bereichen der AIDS-Hilfe, Jugendhilfe, Polizei und anderen Stricherprojekte konkretisieren. Dabei geht es darum, den Kontext der Arbeit gegenüber anderen Diensten zu verdeutlichen bzw. den regionalen Erfordernissen und dem Zusammenspiel unterschiedlicher Hilfsangebote verschiedener Einrichtungen anzupassen.

(5) Die Bedürfnisfeststellung von Strichern erfolgt weitgehend durch *Einzelgespräche, kollegialem Austausch, Kontakte zur Szene* und die *Erfahrung mit der Zielgruppe* (*siehe Tabelle 17*).

Den unterschiedlichen Ergebnissen in den Tabellen 13-17 lagen heterogene Schwerpunkte der Befragung zu Grunde. Bei den geführten Interviews in der Untersuchung von WRIGHT (*Dvl.* 2000), werden die persönlichen Gewichtungen der Befragten deutlich, da der Interviewpartner aus seinem subjektiven Erfahrungsschatz berichtet. Hierbei kann jedoch keine konsequente Gesamtzusammenfassung/-vergleich gezogen werden. Die eigene Erhebung (FA 2002) erfaßt Kriterien, innerhalb des vorgegebenen Rahmens, in Form eines Fragenkatalogs. Dabei hielten viele der Befragten fast alle der vorgegebenen Aspekte für wichtig, individuelle Beiträge der Befragten rückten in den Hintergrund. Doch auch hieraus ergibt sich eine Wertung nach Wichtigkeit der jeweiligen Aspekte (*siehe auch Auswertung im Graphikanhang*). Beide Analysen liefern mit ihren Ergebnissen gleichsam wichtige Daten. Die Erhebungen sollen nicht miteinander verglichen, sondern zueinander bezogen betrachtet werden.

Inhalte und Ziele der Projekte sind die Gesundheitsförderung und Stabilisierung der Lebensverhältnisse, geprägt von sozialarbeiterischen und pädagogisch-psychologischen Tätigkeiten. Die Arbeit der Stricherprojekte hilft und unterstützt den Stricher bei der sozialen und emotionalen Stabilisierung und setzt nicht den zwanghaften Ausstieg aus der Prostitution voraus. Die Stärke der Projekte liegt in der Niedrigschwelligkeit und der Vielfalt der Angebote. Die Anforderung an die MitarbeiterInnen setzt berufliche und empathische Professionalität voraus.

VIII.

SCHLUßBEMERKUNG

Die vorliegende Arbeit zeigt, daß männliche Prostituierte eine Fülle sozialer Probleme haben und in vielen Bereichen diskriminiert werden. Mit der Gesetzesänderung des Prostitutionsgesetzes (ProstG) »Besserstellung der Prostitution« wurden zwar neue Regelungen geschaffen, die es dem Prostituierten erleichtern sollen den Zugang zur Sozialversicherung zu ermöglichen, jedoch wurden damit gleichzeitig neue Problemlagen geschaffen. Die Neuregelung geht an Migranten und Strichern vorbei. Finanzämter können rückwirkend Einnahmen aus der Prostitution verlangen, da es keine Ausführungsvorschriften gibt. Mit der Gesetzesänderung wurde zwar der erste Schritt gemacht, Prostitution aus dem gesellschaftlichen Abseits zu holen, um sie als gesellschaftliche Realität anzuerkennen und zu akzeptieren, doch zukünftig sind weitere gesetzliche Verbesserungsvorschläge wünschenswert, die von KISS (2001, S. 10) wie folgt angegeben werden:

» Streichung des Paragraphen »Förderung von Prostitution«
» Streichung des Paragraphen »Zuhälterei«
» Aufhebung der Sperrgebietsverordnung
» Aufhebung des Werbeverbotes
» Streichungen im Gaststättenrecht
» Verbesserung im Ausländerrecht.

Weitere Forderungen ergeben sich für folgende Bereiche, die jedoch nur mit einer Aufstockung durch finanzielle Mittel erreicht werden können:
» Ausbau von Streetwork in der Szene

» Längere Öffnungszeiten der Anlaufstellen

» Übernachtungsmöglichkeiten/Notschlafplätze für die Stricher in allen Projekten

» Kostenlose medizinische Erstversorgung, STD-Diagnostik in allen Projekten sowie Impfung gegen Hepatitis

» MediatorInnen und DolmetscherInnen für die Arbeit mit Migranten

» verstärkte Präventionsstrategien für: Prävention vor der Prostitution, besonders für Minderjährige (10-16 Jahre) und Prävention vor STD´s und Gewalt, sowie sexueller Ausbeutung und Abhängigkeit.

Das Thema der homosexuellen Prostitution sollte mehr wissenschaftliche Anerkennung in Deutschland finden. Neue Forschungsansätze und empirische Methoden sind notwendig, um Ereignisse der letzten Jahre deutlich zu machen. Hinweise darauf, daß die männliche Prostitution, nach wie vor, geringe Beachtung in der breiten Öffentlichkeit findet, sind in vielen Bereichen deutlich zu erkennen. Eigene Studien über Callboys oder Migranten sind nicht vorhanden. Fachdisziplinen wie Psychologie, Soziologie, Sozialmedizin und die Sozialarbeit/Sozialpädagogik sollten sich verstärkt diesen Bereichen widmen, um die vielen Problemlagen zu verdeutlichen, damit sozialarbeiterische Ansätze und Projekte stärker gefördert werden. Nicht zuletzt ist es notwendig vorhandene Literatur zusammenzutragen und zu ergänzen, damit Wissenslücken für den Bereich der männlichen Prostitution geschlossen werden können.

Literaturverzeichnis

Primär-Literatur, Internetquellen und Sekundär-Literatur mit Angabe der Primär-Autoren

Primär-Literatur

ABLE-PETERSON, TRUDEE (1991). *Victim Services Agancy – Streetwork mit männlichen Prostituierten in New York.* In: Bader/Lang (Hrsg.), *Stricher-Leben,* Hamburg: Galgenberg-Verlag. S. 153-172.

AKSD (2002). (Arbeitskreis der deutschsprachigen Stricherprojekte): *Leilinien für die soziale Arbeit mit Strichern.* Deutsche AIDS-Hilfe e.V. Berlin (Hrsg.) Berlin.

BADER, BIRGIT; LANG, ELLINOR (1991). *Stricher-Leben.* Bader/Lang (Hrsg.) Hamburg: Galgenberg-Verlag.

BADER, BIRGIT; MÖBIUS, THOMAS (1991). *Thesen zur männlichen Prostitution.* In: Bader/Lang (Hrsg.), *Stricher-Leben,* Hamburg: Galgenberg-Verlag. S. 12-20.

BANGE, DIRK (1991). *Sexuell mißbrauchte Jungen.* In: Bader/Lang (Hrsg.), *Stricher-Leben,* Hamburg: Galgenberg-Verlag. S. 140-152.

BANGE, DIRK (1993). *Sexueller Mißbrauch an Jungen.* In: Winter, Reinhard (Hrsg.), Stehversuche. Männliche Jungensozialisation und männliche Lebensbewältigung durch Sexualität. Tübingen. S. 119-148.

BASIS-Projekt e.V. (1999). *Jahresbericht 1999.* Anlaufstelle für Straßenkinder – KIDS/ Anlaufstelle für männliche Prostituierte/Übernachtungsstellen, Hamburg.

BASIS-Projekt e.V. (2000). *Jahresberichte 2000.* Anlaufstelle für Straßen-kinder – KIDS/Anlaufstelle für männliche Prostituierte u. Übernach-tungsstellen, Hamburg.

BECKER, ROLAND; MULOT, RALF; WOLF, MANFRED (1997) (Redakti-on); *Fachlexikon der sozialen Arbeit.* Deutscher Verein für öffentliche und private Fürsorge (Hrsg.). [Red.: Roland Becker; Ralf Mulot; Man-fred Wolf]. 4. vollständig überarbeitete Auflage. Stuttgart/Berlin/Köln: Kohlhammer.

BOCHOW, MICHAEL (2001). *Schwule Männer, AIDS und Safer Sex:* Neue Entwicklungen. Eine Befragung im Auftrag der Bundeszentrale für gesundheitliche Aufklärung, Köln. In: AIDS-FORUM-DAH, Band 40. Deutsche AIDS-Hilfe e.V. (Hrsg.), Berlin.

BONHOEFFER, MARTIN (1977). *Zwischenbericht Kommission Heimerzie-hung* der Obersten Landesjugendbehörden und der Bundesarbeits-gemeinschaft der Freien Wohlfahrtspflege; Heimerziehung und Alter-nativen –Analysen und Ziele für Strategien-, Regensburg: Wallhalla u. Pretoria Verlag (Internationale Gesellschaft für Heimerziehung (IGfH) der Fèdèration Internationale des Communautès d'Enfandts (FICE) e.v.(Hrsg.). Federführung der Kommission: Senator für Fami-lie, Jugend und Sport; Berlin – vertreten durch Martin Bonhoeffer.

BÖHNISCH, LOTHAR; WINTER, REINHARD (1994). *Männliche Sozialisa-tion.* Bewältigungsprobleme männlicher Geschlechtsidentität im Le-benslauf. Weinheim/München, 2. Auflage: Juventa-Verlag.

BRUNS, MANFRED (1991). *Stricher, Freier und das Recht.* In: Bader/Lang (Hrsg.), *Stricher-Leben*, Hamburg: Galgenberg-Verlag. S. 131-139.

BÜRGER, ULRICH (1990). *Heimerziehung und soziale Teilnahmechancen.* Eine Empirische Untersuchung zum Erfolg öffentlicher Erziehung. Pfaffenweiler: Centaurus-Verlag.

DANNECKER, MARTIN; REICHE, REIMUND (1974). *Der gewöhnliche Homosexuelle.* Eine soziologische Untersuchung über männliche Homosexuelle in der Bundesrepublik. Frankfurt/Main: Fischer-Verlag.

EU-Projekt (ohne Jahresangabe). Europäische Kooperation der Organisationen für männliche Prostituierte und Straßenkinder (**EURO-KOPS**), *Leitfaden für die pädagogische Arbeit mit Strichern*; in Zusammenarbeit mit: KISS/AIDS-Hilfe Frankfurt e.v., AIDES Ile-de-France Paris, PRO-Centret Kopenhagen. (Federführend durch: FINK, KATRIN, MERCIER, SOPHIE, SCHLICH, HANS-PETER und KISS.)

FINK, KARIN (1998). *Akzeptierende Arbeit mit männlichen Prostituierten.*, In: Lochmann, Reiner (Hrsg.), Überlebenshilfe in der Drogenberatung. Dokumentationsband zum Fachtag für Soziale Arbeit 21. November 1997, FH Esslingen – Hochschule für Sozialwesen. S. 265-271.

FITZNER, HOLGER (1991): *Als Arzt in der Stricherszene: Sie nannten mich „Pille".* In: Bader, Birgit/Lang, Ellinor (Hrsg.), *Stricher-Leben*, Hamburg 1991: Galgenberg-Verlag. S. 96-99.

GEYER, ANTJE (1991). *Auf dem Bahnhof.* In: Bader, Birgit; Lang, Ellinor (Hrsg.), Stricher-Leben. Hamburg: Galgenberg-Verlag, S. 87-95.

GLÖER, NELE; SCHMIEDESKAMP-BÖHLER, IRMGARD (1990). *Verlorene Kinder.* Jungen als Opfer sexueller Gewalt, München: Weismann-Verlag.

GUSY, B.; KRAUß, G.; SCHROTT, G.; HECKMANN, W. (1994). *Aufsuchende Sozialarbeit in der AIDS-Prävention: das „Streetwork" - Modell.* Schriftenreihe des Bundesministeriums für Gesundheit (Hrsg.); Bd. 21; Baden Baden: Nomos-Verlag.

GUTFLEISCH, MARKUS (1994). *Sozialarbeit in der Stricher-Szene.* Diplomarbeit zur staatlichen Diplomprüfung an der Katholischen Fachhochschule Nordrhein-Westfalen, Abteilung Münster – Fachbereich Sozialwesen – (unveröffentlicht)

HERM, MATTHIAS (1991). *Jugendprostitution und Heimerziehung,* In: Bader, Birgit; Lang, Ellinor (Hrsg.), Stricher-Leben. Hamburg: Galgenberg-Verlag, S. 54-86.

KISS-Projekt (ohne Jahresangabe). AIDS-Hilfe Frankfurt e.V. *Projektbeschreibung.*

KISS-Projekt (2001). AIDS-Hilfe Frankfurt e.V. *Jahresbericht 2001.* Kriseninterventionsstelle für Stricher. Frankfurt.

LAUTMANN, RÜDIGER (1990). *Mann-männliche Prostitution: Sexuelle Interaktion und sexuelle Identität.* In: Katholische Sozialethische Arbeitsstelle (Hrsg.), Strichjungen – Fakten zur männlichen Prostitution. Sachverhalte, Hintergründe, Informationen; Schriftenreihe Aktuelle Orientierungen: Jugendschutz, Heft 7; Hamm: Hoheneck-Verlag, S. 7-16.

LOCHMANN, REINER (1998). (Hrsg.), *Überlebenshilfe in der Drogenberatung.* Dokumentationsband zum Fachtag für Soziale Arbeit 21. November 1997, FH Esslingen – Hochschule für Sozialwesen.

LOOKS e.V. (ohne Jahresangabe). *Projektbeschreibung - Eine Selbstdarstellung - .* Köln.

MILLHAGEN, SUSANN (1986). *Gefühle kann man nicht kaufen.* Reinbek bei Hamburg: Rowohlt-Verlag.

MÖBIUS, THOMAS (1990). *Streetwork in der Hamburger Stricherszene.* Die Arbeit des BASIS-Projektes der Intervention e.V. In: Katholische Sozialethische Arbeitsstelle (Hrsg.), Strichjungen – Fakten zur männlichen Prostitution. Sachverhalte, Hintergründe, Informationen; Schriftenreihe Aktuelle Orientierungen: Jugendschutz, Heft 7; Hamm: Hoheneck-Verlag, S. 27-38.

QUER/STRICH (1992a). *Warum mieten Männer Männer?* In: Eine Betrachtung männlicher Prostitution von Innen. quer/strich Berlin (Hrsg.): Berlin, S. 18-21.

QUER/STRICH (1992b). *Ausländische Stricher.* In: Eine Betrachtung männlicher Prostitution von Innen. quer/strich Berlin (Hrsg.): Berlin, S. 23.

SCHICKEDANZ, HANS JOACHIM (1979). *Homosexuelle Prostitution.* Eine empirische Untersuchung über sozial diskriminiertes Verhalten bei Strichjungen und Call-Boys. Campus Forschung; Bd. 85; Frankfurt/Main: Campus-Verlag.

SCHMIDT, MATTHIAS (1993). *Leben und arbeiten mit Strichern- das BASIS-Projekt in Hamburg.* In: AIDS-Forum D.A.H. Sonderband: *10 Jahre Deutsche AIDS-Hilfe Geschichten & Geschichte.* Deutsche AIDS-Hilfe e.v. (Hrsg.), Berlin. S.89-96.

SCHMIDT-RELENBERG, NORBERG; KÄRNER, HARTMUT; PIEPER, RICHARD (1975). *Strichjungen-Gespräche.* Zur Soziologie jugendlicher Homosexuellen-Prostitution. Darmstadt: Luchterhand-Verlag.

SCHROTT-BEN REDJEB, GUDRUN (1991). *Stricher und ihre Kunden.* Überblick über den Stand der Forschung. In: streetcorner 1/1991, S. 3-27.

SCHWARZ, THOMAS (1994). *Zur Situation von Strichern in Berlin.*, In: AIDS-FORUM-DAH Band XV, AIDS und soziale Not; Annäherung an ein komplexes Thema, Deutsche Aids-Hilfe (Hrsg.), Berlin. S. 103-105.

SchwIPs e.V. (1992). (Schwule Initiative gegen den Paragraphensumpf): *Schwule im Recht.* Ratgeber für homosexuelle Menschen, Bamberg.

STAHL, CHRISTIAN (1993). *Sexuelle Skripts junger Männer.* In: Winter, Reinhard (Hrsg.), Stehversuche. Männliche Jungensozialisation und männliche Lebensbewältigung durch Sexualität. Männer Material Band 3, Tübingen: Neuling-Verlag, S. 197-212.

STALLBERG, FRIEDRICH W. (1990). *Das Strichjungenphänomen – Aktualität, Perspektiven, Befunde.* In: Katholische Sozialethische Arbeitsstelle (Hrsg.), Strichjungen – Fakten zur männlichen Prostitution. Sachverhalte, Hintergründe, Informationen; Schriftenreihe Aktuelle Orientierungen: Jugendschutz, Heft 7; Hamm: Hoheneck-Verlag, S. 17-26.

SUB/WAY-berlin e.V. (2000). *Jahresbericht 2000.* Präventiver Kinder- und Jugendschutz, Berlin.

WAGNER, THOMAS (1990). *Zwischen Mythos und Tabu. Sozialethische Überlegungen zur männlichen Prostitution.* In: Katholische Sozialethische Arbeitsstelle (Hrsg.), Strichjungen – Fakten zur männlichen Prostitution. Sachverhalte, Hintergründe, Informationen; Schriftenreihe Aktuelle Orientierungen: Jugendschutz, Heft 7; Hamm: Hoheneck-Verlag, S. 39-57.

WINTER, REINHARD (1993a). *Männliche Lebensbewältigung und Sexualität,* In: Winter, Reinhard (Hrsg.), *Stehversuche.* Sexuelle Jungensozialisation und männliche Lebensbewältigung durch Sexualität, Tübingen: Neuling-Verlag. S. 149-168.

WINTER, REINHARD (1993b). *Stehversuche.* Sexuelle Jungensozialisation und männliche Lebensbewältigung durch Sexualität, MännerMaterial Bd. 3, Reinhard Winter (Hrsg.) 1. Aufl.; Schwäbisch Gmünd/Tübingen: Neuling-Verlag.

WRIGHT, MICHAEL T. (2000). *Eine Prozeßevaluierung der gesundheitsfördernden Arbeit der Stricherprojekte in Deutschland unter besonderer Berücksichtigung des Einsatzes von Printmedien zur HIV-/AIDS-Prävention.* Eine Studie im Auftrag der Deutschen AIDS-Hilfe e.V. (in Druck), Berlin: Deutsche AIDS-Hilfe **(Druckvorlage 2000).**

WRIGHT, MICHAEL T. (2001). *Die Lebenslage von Strichern in Köln, Düsseldorf und im Ruhrgebiet: eine Bedarfsanalyse,* Eine Studie im Auftrag der AIDS-Hilfe Essen e.V. und Looks e.V. Köln (Hrsg.) in Zusammenarbeit mit regionalen AIDS-Hilfen und Gesundheitsämtern: Berlin.

BANGE, DIRK (1997). *Verschwiegene Not.* Sexueller Mißbrauch an
Jungen.
Vortrag von Dr. Dirk Bange. Online in Internet: 14.08.2002.
URL:*http://www.zissg.de/einszeit/dbange97.htm.* [Stand 2001]

Deutsche AIDS-Hilfe e.V. *Infoblatt für Jungs im Sexbusiness.*
Online im Internet: 21.08.2002.
URL:*http://mir.drugtext.org/aidshilfe/html/servicer/sex/jungssex.htm.*
[Stand: 1998]

DEUTSCHES JUGENDINSTITUT (DJI) In: *Straßenkinder in Deutschland.*
Schicksale die es nicht geben dürfte. Online im Internet: 13.09.2002.
URL:*http://www.offroadkids.de/05_situation/index_situation.htm.*
[Stand: 1998]

QUER/STRICH – Onlinezeitschrift: Online im Internet: 13.09.2002.
URL:*http://www.querstrich.de/info_beruf/info.htm.* [Stand: 2000]

SEIDEL, MARKUS HEINRICH *„Straßenkinder in Deutschland. Schicksale*
die es nicht geben dürfte. Online im Internet: 13.08.2002.
URL:*http://www.offroadkids.de/05_situation/index_situation.htm.*
[Stand: 2002]

UNI-HALLE (2002). *Die strafrechtliche Bewertung der Prostitution.*
Online im Internet: 20.09.2002.
URL:*http://www.jura.uni-halle.de/download/reziko/prostitution.doc*
[Stand: 2002]

[SE] *Sekundär-Literatur mit Angabe der Primär-Autoren*

ALLEN, D. (1980). Young Male Prostitutes: A Psychosocial Study. Archives of Sexual Behavior 9, S. 399-426.

BLOOR, M.; MCKEGANEY, N.; & BARNARD, M. (1990). An ethnographic study of HIV-related risk practices among Glasgow rent boys and their clients: report of a pilot study. AIDS Care 2(1), S. 17-24.

BROWNE; J; MINISCHIELLO, V. (1995). The social meanings behind male sex work: Implications for sexual interaction. British Journal of Sociology. Vol. 46, Issue 4, S. 598-622.

BROWNE; J; MINISCHIELLO, V. (1996). Research directions in male sex work, Journal of Homosexuality, Vol. 31, Issue 4, S. 29-56.

BOYER, D.K. (1986). Male Prostitution: A cultural expression of male homosexuality. Ann Arbor: UMI (University Microfilms International).

COLEMAN, E. (1989). The development of male prostitution activity among gay and bisexual adolescents. Journal of Homosexuality, 17 (1/2), S. 131-149.

EARLS, C.M. & DAVID, H. (1989). A psychosocial study of male prostitution. Archives of sexual Behavior, 18(5), S. 401-419.

ELIFSEN, K.W.; BOLES, J.; SWEAT, M. (1993). Risk-factors associated with HIV-infection among male prostitutes. American Journal of Public Health, Vol. 83, Issue 1, S. 79-83.

ESTEP, R.; WALDORF, D.; MAROTTA, T. (1992). Sexual Behavior of male prostitutes in J. Huber; B. Schneider (Eds.) The social context of AIDS, Newbury Park, CA, Sage Publications, S. 95-112.

GRAAF de R.; VANWESENBEECK, I.; VAN ZESSEN, G.; STRAVER, C.J.; VISSER, J.H. (1994). Male prostitutes and safe sex: Different settings, different risk. AIDS Care, 6(3): S. 277-288.

HARRIS, M. (1973). The dilly boys. Male prostitution in Picadilly. London: Croom Helm.

HEINZ-TROSSEN, A. (1993). Prostitution und Gesundheitspolitik: Prostitutionsbetreuung als pädagogischer Auftrag des Gesetzgebers an die Gesundheitsämter. Europäische Hochschulschriften, Reihe 22, Soziologie; Bd. 239, Frankfurt am Main; P. Lang.

JANUS, M.D. et al. (1984). Youth prostitution an AW Burgess (Ed.) Child pornography and sex rings. Lexington, S. 127-146.

KLEIBER, D.; WILKE, M.; SOELLNER, R.; VELTEN, D. (1995). AIDS, Sex und Tourismus: Ergebnisse einer Befragung deutscher Urlauber und Sextouristen. Bd. 33 Schriftenreihe des Bundesministeriums für Gesundheit. Baden-Baden: Nomos Verlagsgesellschaft.

KLIMMER, R. (1965). Homosexuelle Prostitution. In: Die Homosexualität. Hamburg: Verlag für kriminalistische Fachliteratur. S. 391-396.

KUHN, G. (1957). Das Phänomen der Strichjungen in Hamburg. In: Schriftenreihe des Bundeskriminalamtes: Bundeskriminalamt Wiesbaden (Hrsg.), Wiesbaden.

LANG, E. (1989). Aus dem "Milljöh". Eine Fragebogenaktion mit Strichern. streetcorner 2(1), S. 25-29.

LUCKENBILL, D.F. (1986). Deviant career mobility: The case of male prostitutes. Social Problems 4, S. 283-296.

MERTENS, WOLFGANG (1996). *Entwicklung der Psychosexualität und der Geschlechtsidentität.* Stuttgart, Berlin, Köln: Kohlhammer; Bd. 2: Kindheit und Adoleszenz.; 2. überarb. Aufl..

147

MORGEN THOMAS, R.; PLANT, M.A.; PLANT, M.L.; SALES D.I. (1989). Risks of Aids among workers in the "sex industry": Some results from a Scottish study. British Medical Journal, 299, S. 148-149.

MORSE, E.V.; SIMON, P.M.; BAUS, S.A.; BALSON, P.M.; OSOFSKY, H.J. (1992). Cofactors of substance use among male street prostitutes. Journal of Drug Issues, 22(4): S. 977-994.

PLEAK, R.R. & MEYER-BAHLBURG, H.F.L. (1990). Sexual Behavior and AIDS Knowledge of Young Male Prostitutes in Manhatten. The Journal of Sex Research, Nov, Vol. 27(4), S. 557-587.

REDHARDT, R. (1968). Besonderheit der männlichen Prostitution. In: Handwörterbuch der Kriminologie, 2. Aufl. Bd. 2, Berlin, S. 311-312.

SARREL, P.M.; MASTER, W.H. (1982). Sexual Molestation of Man by Women. In: Archives of Sexual Behavior. Vol. 11/1982, S. 117-131.

SCHOFILD, M. (1965). Sociological Aspects of Homosexuality. London.

SIMON, P.M.; MORSE, E.V.; BALSON, P.M.; OSOFSKY, H.J. GAUMER, H.R. (1992). Psychological characteristics of a sample of male street prostitutes. Archives of Sexual Behavior, 21(1), S. 33-44.

TAYLER, R. (1986). AIDS and prostitutes. In: A. Carr (Ed.) Meeting the challenge: Papers of the first National Conference on AIDS. Canberra: Australian Coverment Publishing Service, S. 130-138.

WEISBERG, K. (1985). Children of the Night. A study of Adolescent Prostitution. Lexington: Health.

Graphikanhang

Arbeitsansätze
(Bezugszeitraum September 2002)

Graphik 1
(Kap. 6.4.3.1.)

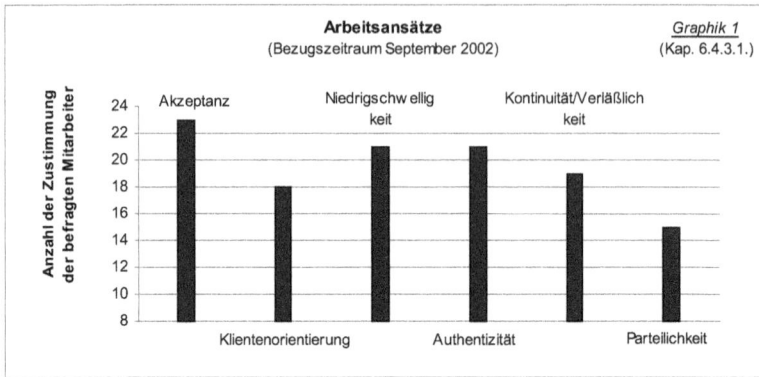

Ziele der Projekte
(Bezugszeitraum September 2002)

Graphik 2
(Kap. 6.4.3.2.)

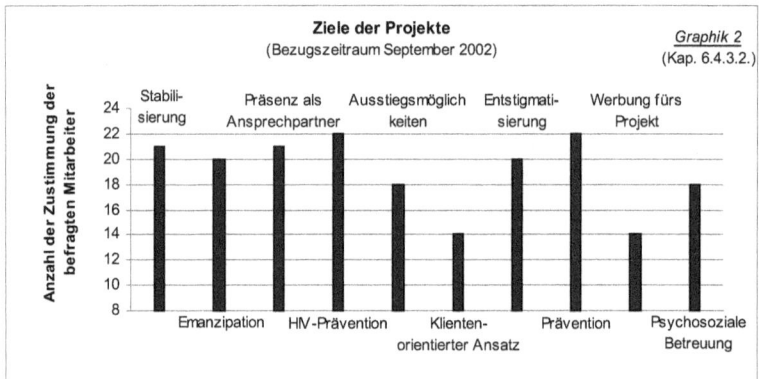

Qualitätsmerkmale
(Bezugszeitraum September 2002)

Graphik 3
(Kap. 6.4.3.3.)

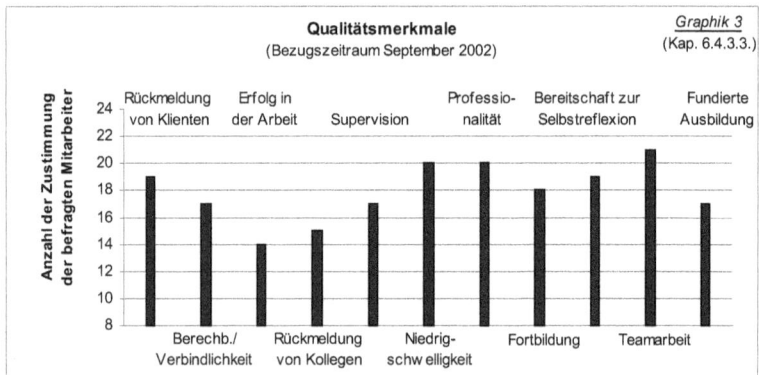

Qualitätssicherung
(Bezugszeitraum September 2002)

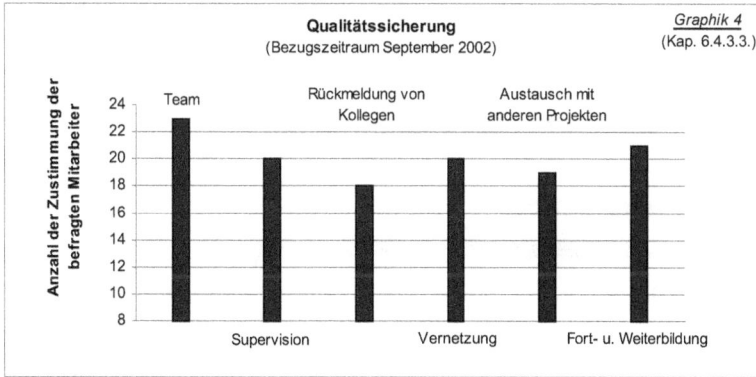

Feststellen der Bedürfnisse
(Bezugszeitraum September 2002)

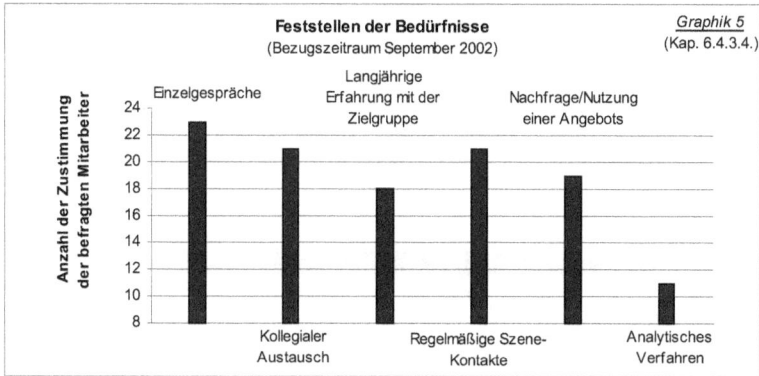

Änderungsvorschläge
(Bezugszeitraum September 2002)

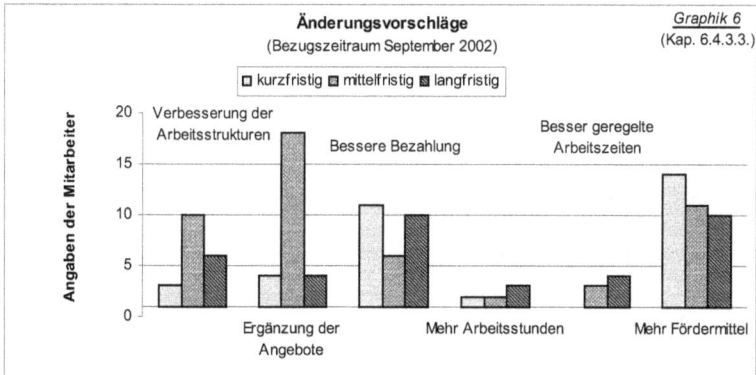

151

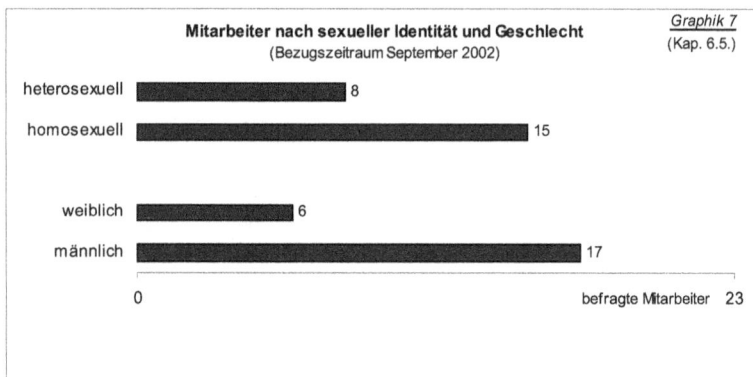

Mitarbeiter nach sexueller Identität und Geschlecht
(Bezugszeitraum September 2002)

Graphik 7
(Kap. 6.5.)

heterosexuell 8
homosexuell 15

weiblich 6
männlich 17

0   befragte Mitarbeiter 23

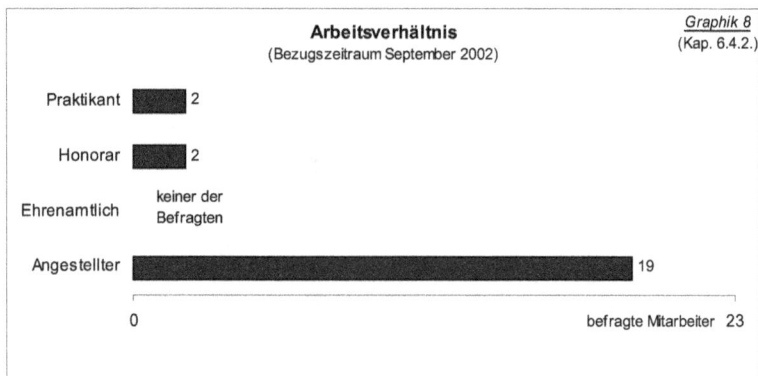

Arbeitsverhältnis
(Bezugszeitraum September 2002)

Graphik 8
(Kap. 6.4.2.)

Praktikant 2
Honorar 2
Ehrenamtlich keiner der Befragten
Angestellter 19

0   befragte Mitarbeiter 23

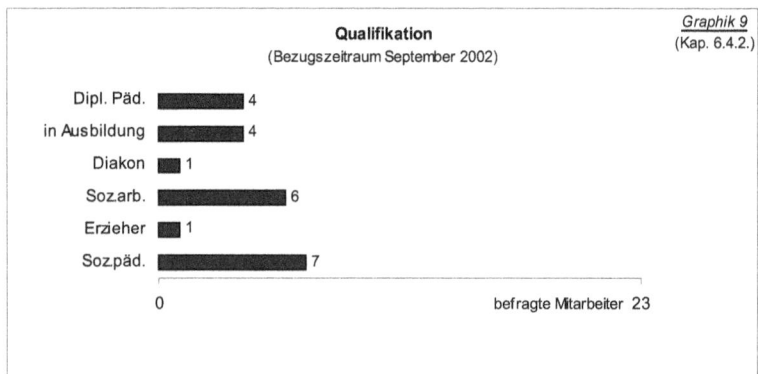

Qualifikation
(Bezugszeitraum September 2002)

Graphik 9
(Kap. 6.4.2.)

Dipl. Päd. 4
in Ausbildung 4
Diakon 1
Soz.arb. 6
Erzieher 1
Soz.päd. 7

0   befragte Mitarbeiter 23

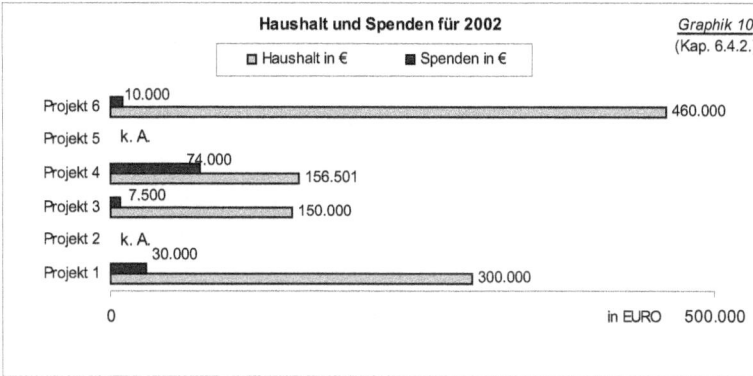

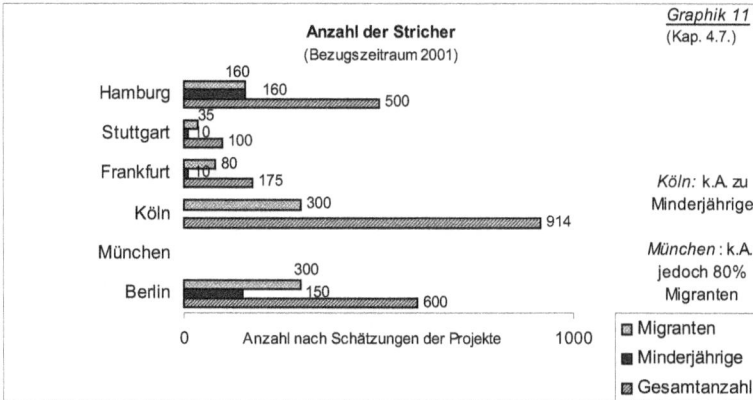

Anhang

- Fragebogen zum Projekt
- Mitarbeiter-Fragebogen

Fragebogen zum Projekt
(von **einem** Mitarbeiter auszufüllen)

für das Jahr 2002

1. Name und Ort des Projektes: _____

2. Gründungsjahr: _____

3. Haushaltsvolumen in €: *Jahr 2002* ____anderes Jahr: ___in welcher Höhe __

4. Wieviel davon aus Spenden: *Jahr 2002*_____ anderes Jahr:_____
In welcher Höhe: _____
Aus welchen Töpfen kommt die Finanzierung? _____
_____

5. Wie oft muß das Projekt neu beantragt werden?

jährlich: O JA   O NEIN
anderer Zeitrahmen, und zwar: _____
Mitarbeiterzahl gesamtes Projekt: _____

6. Ist in Ihrer Einrichtung eine Ärztin/ein Arzt beschäftigt?

O Ja   O Nein
Wie viele? _____   Gründe warum nicht:
Wochenarbeitsstunden: _____   _____
Aufgabenbereiche: _____   _____
_____   _____

7. Gibt es in Ihrer Einrichtung eine Übernachtungsmöglichkeit für die Jungs?

O Ja   O Nein
Zu welchen Zeiten kann diese genutzt werden?   Gründe warum nicht:
_____   _____
_____   _____
_____   _____
_____   _____

156

8. Wie sind die Öffnungszeiten Ihrer Anlaufstelle?

Mo _____ Di_____ Mi _____ Do _____ Fr _____

Sa _____ So _____

9. Wie viele Stricher werden von Ihrem Projekt erreicht? (evt. Bezugsrahmen 2001)

_____

10. Wie hoch ist der Anteil ausländischer Stricher? (evt. Bezugsrahmen 2001)

_____

11. Wie hoch ist der Anteil minderjähriger Stricher? (evt. Bezugsrahmen 2001)

_____

12. Seit Januar 2002 ist das neue Prostitutionsgesetz in Kraft. Inwieweit bewirkt dieses Gesetz direkt oder indirekt eine Veränderung in der Szene und welche Auswirkung hat dies auf Ihre Arbeit im Projekt?

_____

_____

_____

_____

_____

_____

_____

_____

13. Mit welchen Einrichtungen kooperiert Ihr Projekt?

O Gesundheitsamt   O Drogenberatungsstelle   O Polizei

O andere Stricherprojekte, und zwar: _____

_____

_____

O andere Einrichtungen, und zwar _____

_____

_____

14. Finden Kooperationstreffen mit anderen Einrichtungen statt?

O Ja   O Nein
In welchen Abständen? _____   Gründe warum nicht: _____

_____   _____
_____   _____

Mit welchen Einrichtungen?_____   _____
_____   _____
_____   _____
_____   _____

Eigene Angaben und Ergänzungen die Sie für wichtig erachten:

_____
_____
_____
_____
_____
_____

                              Vielen Dank für Ihre Angaben

Mitarbeiter-Fragebogen (bitte <u>jeder</u> ausfüllen)
(3 Seiten, Mehrfachnennungen sind möglich)

1. Berufsbezeichnung/Ausbildung: _____

2. Wöchentliche Arbeitsstunden: _____

3. Seit wann sind Sie im Projekt tätig? _____

4. Sie sind:O   Angestellte/r   O   Ehrenamtliche/r Mitarbeiter/in
O   Honorarkraft   O   Praktikant/in   O   andere Stelle, und zwar _____

5. Geschlecht: O   weiblich   O   männlich   O   transsexuell

6. Was ist Ihre sexuelle Orientierung?
        O   heterosexuell
        O   homosexuell
        O   bisexuell
        O   andere, und zwar _____
        O   ich möchte diese Frage nicht beantworten, weil:

_____

_____

7. Arbeiten Sie zur Zeit als Stricher/Callboy oder Prostituierte?
O   Ja   O   Nein

8. Haben sie früher als Stricher/Callboy oder Prostituierte gearbeitet?
O   Ja   O   Nein

9. Ich möchte diese Frage nicht beantworten, weil _____

_____

10. Welche Aspekte sind für Sie wichtig in der Arbeit mit Strichern/Callboys?
10.1. Arbeitsansätze:
O   Akzeptanz   O   Klientenorientierung   O   Niedrigschwelligkeit
O   Authentizität   O   Kontinuität/Verläßlichkeit   O   Parteilichkeit
O   andere, und zwar: _____

10.2. Ziel des Projektes:
O Stabilisierung der Lebensverhältnisse
O Präsenz als Ansprechpartner
O Ausstiegsmöglichkeiten
O Entstigmatisierung von Strichern
O Werbung für das Projekt in der Szene

O andere, und zwar: _____

O HIV-Prävention
O Psychosoziale Betreuung
O Klientenorientierung
O Prävention von STD's
O Emanzipation/Stärkung des
   Selbstbewußtseins

_____

_____

10.3. Qualitätsmerkmale:

O Rückmeldung/Reaktion der Klienten
O Erfolg in der Arbeit
O Supervision
O Niedrigschwelligkeit
O Fortbildung
O Teamarbeit
O andere, und zwar: _____

O Berechenbarkeit/Verbindlichkeit
O Rückmeldung von Kollegen
O Fundierte Ausbildung
O Professionalität
O Bereitschaft zur Selbstreflexion

_____

10.4. Qualitätssicherung:

O Team
O Rückmeldung von Kollegen
O Fort- u. Weiterbildung
O andere, und zwar: _____

O Supervision
O Austausch mit anderen Projekten
O Vernetzung

_____

10.5. Zur Feststellung der Bedürfnisse der Klienten:

O Einzelgespräche
O Langjährige Erfahrung mit der Zielgruppe
O Regelmäßige Kontakte zur Szene
O Nachfrage/Nutzung eines Angebotes
O andere, und zwar:_____

O Kollegialer Austausch

O Analytische Verfahren

_____

11. Änderungsvorschläge:

Was sollte Ihrer Meinung nach geändert werden?

	kurzfristig	mittelfristig	langfristig
Vorschläge:			
Verbesserung der Arbeitsstrukturen	O	O	O
Ergänzung der Angebote	O	O	O
Bessere Bezahlung	O	O	O
Mehr Arbeitsstunden	O	O	O
Besser geregelte Arbeitszeiten	O	O	O
Mehr Fördermittel für das Projekt	O	O	O
andere, und zwar:			
_____	O	O	O

- vielen Dank für Ihre Mitarbeit –

Anmerkung:
Der Fragebogen wird anonym behandelt und dient der qualitativen Analyse der Projekte im Rahmen meiner Diplomarbeit. Die Fragen sind angelehnt an die Prozeßevaluierung von Michael T. Wright (eine Studie im Auftrag der Deutschen AIDS-Hilfe e.V.) aus dem Jahr 1999. Ich bedanke mich im Voraus bei jedem Einzelnen und verbleibe mit freundlichen Grüßen

Anne Fehlberg

Anhang

Gesetzestexte

Der Bundestag hat das folgende Gesetz beschlossen:

Artikel 1: **Gesetz zur Regelung der Rechtsverhältnisse der Prostituierten**

(Prostitutionsgesetz - ProstG)

§ 1

Sind sexuelle Handlungen gegen ein vorher vereinbartes Entgelt vorgenommen worden, so begründet diese Vereinbarung eine rechtswirksame Forderung. Das Gleiche gilt, wenn sich eine Person, insbesondere im Rahmen eines Beschäftigungsverhältnisses, für die Erbringung derartiger Handlungen gegen ein vorher vereinbartes Entgelt für eine bestimmte Zeitdauer bereithält.

§ 2

Die Forderung kann nicht abgetreten und nur im eigenen Namen geltend gemacht werden. Gegen eine Forderung gemäß § 1 Satz 1 kann nur die vollständige, gegen eine Forderung nach § 1 Satz 2 auch die teilweise Nichterfüllung, soweit sie die vereinbarte Zeitdauer betrifft, eingewendet werden. Mit Ausnahme des Erfüllungseinwandes gemäß des § 362 des Bürgerlichen Gesetzbuchs und der Einrede der Verjährung sind weitere Einwendungen und Einreden ausgeschlossen.

§ 3

Bei Prostituierten steht das eingeschränkte Weisungsrecht im Rahmen einer abhängigen Tätigkeit der Annahme einer Beschäftigung im Sinne des Sozialversicherungsrechts nicht entgegen.

Artikel 2 **Änderung des Strafgesetzbuches**

Das Strafgesetzbuch in der Fassung der Bekanntmachung vom 13. November 1998 (BGBL. I S 3322), zuletzt geändert durch Artikel 4 des Gesetzes vom 19. Dezember 2001 (BGBL. I S. 3922), wird wie folgt geändert:

1. In der Inhaltsübersicht werden die Angaben zu § 180a wie folgt gefasst:

   "§ 180a Ausbeutung von Prostituierten".

2. § 180a wird wie folgt geändert:

   a) Die Überschrift wird wie folgt gefasst: "§ 180a Ausbeutung von Prostituierten".

   b) Absatz 1 wird wie folgt geändert:
   aa) Die Angabe "1". wird gestrichen.
   bb) Nach den Wörtern "in persönlicher oder wirtschaftlicher Abhängigkeit gehalten werden" Wird das Wort "oder" durch ein Komma ersetzt.
   cc) Nummer 2 wird aufgehoben.

3. § 181a Abs. 2 wird wie folgt neu gefasst:

   "(2) Mit Freiheitsstrafe bis zu drei Jahren oder mit Geldstrafe wird bestraft, wer die persönliche oder wirtschaftliche Bewegungsfreiheit einer anderen Person dadurch beeinträchtigt, dass er gewerbsmäßig die Prostitutionsausübung der anderen Person durch Vermittlung sexuellen Verkehrs fördert und im Hinblick darauf Beziehungen zu ihr unterhält, die über den Einzelfall hinausgehen."

Artikel 3: **Inkrafttreten**

Dieses Gesetz tritt am 01. Januar 2002 in Kraft.

Begründung

A. Allgemeine Begründung

1. Gesellschaftliche Realität

Prostitution ist in der Bundesrepublik Deutschland gesetzlich nicht verboten.

Nach seriösen Schätzungen gibt es in Deutschland etwa 400 000 Personen, die der Prostitution nachgehen, überwiegend sind dies Frauen.

Prostituierte sind tätig in Bordellen, Clubs, auf der Straße und in privaten Wohnungen. Ihre Dienste werden täglich von über einer Million Männer in Anspruch genommen. Damit werden jährlich Umsätze in zweistelliger Milliardenhöhe erzielt. Der Staat erhebt auf die Einkünfte der Prostituierten Steuern.

Dennoch sind Prostituierte weitgehend rechtlos und werden aufgrund ihrer Tätigkeit diskriminiert. Dadurch werden sie ins „Milieu~ gedrängt und zu einem Doppelleben gezwungen. Ein Ausstieg wird ihnen erschwert.

2. Rechtliche Benachteiligung

2.1 Sittenwidrigkeit

Nach zurzeit überwiegender Auffassung der Rechtsprechung zu § 138 Abs. 1 BGB wird eine Vereinbarung zwischen Freiem und Prostituierten als sittenwidrig bewertet. Als Maßstab für die guten Sitten dient nach einer vom Reichsgericht 1901 entwickelten Formel „das Anstandsgefühl aller billig und gerecht Denkenden~' (RGZ 48, S. 114, 124). Die Einstufung als gemeinschaftsschädlich beruht in erster Linie auf einem bis heute nicht korrigierten Urteil des Bundesverwaltungsgerichts aus dem Jahr 1965, in der die Prostitution mit der Betätigung als Berufsverbrecher gleichgestellt wurde (BVerwGE 22, S.286, 289).

Diese Bewertung entspricht nicht mehr der heutigen Zeit und wird von weiten Teilen der Bevölkerung nicht geteilt. Dies hat insbesondere eine Umfrage gezeigt, die das Verwaltungsgericht Berlin im Rahmen eines Verfahrens (35 A 570.99) durchgeführt hat. Die meisten der befragten gesellschaftlichen Organisationen sehen die Prostitution nicht als sittenwidrig an. In einer dimap-Umfrage aus dem Jahr 1999 sprachen sich 68 % der Befragten dafür aus, Prostitution rechtlich anzuerkennen. In der Juristischen Literatur wird ebenfalls vermehrt die Auffassung vertreten, dass die Prostitution nicht sittenwidrig ist (z. B. Manssen in v. Mangoldt, Klein, Stark, Kommentar zum GG, 4. Auflage, Artikel 12 Abs. 1, Rn. 39, Scholz in Maunz-Dürig, Kommentar zum GG, September 1981, Artikel 12, Rn. 24). Auch in der Rechtsprechung bahnt sich ein Umdenken an. So hat das Verwaltungsgericht Berlin entschieden, dass die Prostitution heute nicht mehr als sittenwidrig anzusehen ist (VG Berlin, Urt. v. 1. Dezember 2000, 35 A 570.99).

Die bisherige Bewertung als sittenwidrig in der herrschenden Rechtsprechung hat schwerwiegende Folgen für die materielle und soziale Existenzsicherung der Betroffenen.

2.2 Kein Anspruch auf das vereinbarte Honorar

Prostituierte haben wegen der Nichtigkeit der zwischen ihnen und den Kunden getroffenen Vereinbarungen keinen rechtlich durchsetzbaren Anspruch auf Bezahlung ihrer Tätigkeit.

2.3 Keine Aufnahme in die Sozialversicherung

Prostituierte haben über ihre Tätigkeit derzeit keinen bzw. keinen unmittelbaren Zugang zur Sozialversicherung. Sie haben keinen Anspruch auf Pflichtversicherung in der gesetzlichen Krankenversicherung, Arbeitslosenversicherung sowie der Rentenversicherung.

2.4 Strafrechtliche Sanktionen

Gute Arbeitsbedingungen für Prostituierte, z.B. in Luxus-Bordellen und Sauna-Clubs, sind die Ausnahme. Solche Einrichtungen sind von Strafverfolgung und Schließung bedroht, denn wer in seinem/ihrem Betrieb mehr als das „bloße Gewähren von Wohnung, Unterkunft oder Aufenthalt' bietet, macht sich wegen „Förderung der Prostitution" strafbar (§ 180a Abs. 1 Nr.2 StGB).

Als prostitutionsfördernd gilt z.B. eine gehobene und diskrete Atmosphäre, ein aufwendiges Ambiente, ein hoher Hygiene~Standard, die freie Entscheidung hinsichtlich der Bedienung von Freiem etc.

Die strafrechtliche Sanktionierung der Förderung der Prostitution durch § 180a Abs. 1 Nr.2 StGB schränkt die Eigen-verantwortlichkeit der Prostituierten ein und verhindert die Schaffung bestmöglicher Rahmenbedingungen für die Ausübung ihrer Tätigkeit.

3. Rechtspolitische Konsequenzen

Der Gesetzgeber will durch den vorliegenden Entwurf die rechtliche Stellung der Prostituierten - nicht die der Kunden, der Bordellbetreiber und anderer - verbessern.

Durch die Verbesserung der rechtlichen Stellung der Prostituierten soll den in diesem Bereich oftmals vorherrschenden kriminellen Begleiterscheinungen, die auch dem Bereich der Organisierten Kriminalität zugerechnet werden müssen, die Grundlage entzogen werden.

Hierzu wird im Gesetz eindeutig geregelt, dass Prostituierte einen Anspruch auf das vereinbarte Entgelt haben, wenn sie ihre Leistung erbracht haben. Diese Vereinbarung verstößt nicht gegen die guten Sitten. Eine Anwendung von § 138 Abs. 1 BGB auf diese Vereinbarung soll damit ausgeschlossen werden.

Indem hierbei der Weg eines einseitig verpflichtenden Vertrages gewählt wurde, wird deutlich gemacht, dass es dem Gesetzgeber um Rechtsansprüche der Prostituierten, nicht aber um Rechtsansprüche zugunsten von Kunden und Bordellbetreibern gegen die Prostituierten geht. Die Prostituierte soll nach dem Willen des Gesetzgebers u. a.

- keine Kündigungsfrist einhalten müssen, um ein Beschäftigungsverhältnis beenden zu können,

- keinen Ansprüchen auf Vornahme der sexuellen Handlungen bzw. Ansprüchen wegen angeblicher „Schlechtleistung~ ausgesetzt sein,

- keinem Direktionsrecht des Bordellbetreibers unterliegen, das über die Bestimmung von Ort und Zeit hinausgeht (z.B. keine freie Auswahl der Kunden).

Durch die Streichung des § 180a Abs. 1 Nr.2 im Strafgesetzbuch wird Prostituierten die Möglichkeit gewährt, rechtlich abgesichert und unter angemessenen Bedingungen freiwillig im Rahmen eines Beschäftigungsverhältnisses in Bordellen oder auch selbständig tätig zu sein. Die Ausbeutung oder unzumutbare Beeinflussung von Prostituierten bleibt weiterhin strafbar (§ 180a Abs. 1 Ziffer 1 und § 181a StGB). Ebenso bleibt der Schutz von Minderjährigen gewährleistet.

Gleichzeitig soll die soziale Benachteiligung der Prostituierten abgebaut werden, indem die im Einwurf vorgesehene gesetzliche Regelung den Zugang zu den Sozialversicherungen ermöglicht bzw. erleichtert.

Prostituierte, die in Bordellen, Clubs oder ähnlichen Einrichtungen arbeiten, erfüllen heute schon typische Merkmale abhängig Beschäftigter.

Der 12. Senat des Bundessozialgerichts geht in seinem Urteil vom 10. August 2000 (Az.: B 12 KR 21/98 R) im Falle eines Mitarbeiters eines Unternehmens, das Online-Dialoge mit sexuellem Inhalt im Bildschirmtextsystem anbietet, davon aus, dass eine Versicherungs- und Beitragspflicht besteht: Es sei kein Grund ersichtlich, selbst sittenwidrige Beschäftigungsverhältnisse von vornherein vom Schutz der Sozialversicherung auszunehmen, zumal sie von der Rechtsordnung geduldet würden. Insofern ist der Zugang zur Sozialversicherung bereits heute möglich.

Die Streichung von § 180a Abs. 1 Nr.2 soll die Einbeziehung Prostituierter in die Sozialversicherung zusätzlich absichern.

Derzeit scheitert der Zugang zur Sozialversicherung faktisch daran, dass ein Bordellbesitzer, bei dem Prostituierte unter Bedingungen arbeiten, die ein sozialversicherungspflichtiges Beschäftigungsverhältnis darstellen, sich u. U. nach § 180a Abs. 1 Nr.2 strafbar macht.

Rechtlich würde der Verstoß gegen das Strafrecht und damit gegen ein gesetzliches Verbot eine Sozialversicherungspflicht nicht automatisch ausschließen, da nur der Bordellbesitzer sich strafbar macht, nicht aber die Prostituierte. Da das Strafrecht den Schutz der Prostituierten bezweckt, würde dieser Schutzzweck unterlaufen werden, wenn man eine Sozialversicherungspflicht verneint, nur weil der Bordellbesitzer gegen dieses Verbot verstößt.

Die Strafbarkeit macht allerdings in der Praxis den Zugang zur Sozialversicherung unmöglich, weil kein Bordellbesitzer Prostituierte bei der Sozialversicherung meldet, wenn er sich

selbst hierdurch der Gefahr der Strafverfolgung aussetzt. Dieses Problem wird mit der Streichung des § 1 80a Abs. 1 Nr.2 behoben.

Die Änderung weiterer Strafvorschriften ist dafür nicht erforderlich. Insbesondere stehen die Tatbestandsmerkmale der persönlichen oder wirtschaftlichen Abhängigkeit in § 1 80a Abs. 1 Nr.1 Strafgesetzbuch einem Beschäftigungsverhältnis nicht entgegen. Die Voraussetzungen des § 1 80a Abs. 1 Nr.1 Strafgesetzbuch liegen nur vor, wenn die Prostituierten in dieser Abhängigkeit „gehalten~ werden, also einseitig, d.h. gegen ihren freien Willen, durch Druck oder sonstige gezielte Einwirkung eine entsprechende Abhängigkeit herbeigeführt oder aufrechterhalten wird oder die Prostituierten an einer Selbstbefreiung bzw. Loslösung aus diesem Abhängigkeitsverhältnis gehindert werden (vgl. Lenckner, in: Schönke-Schröder, Kommentar zum Strafgesetzbuch, 25. Auflage, § 180a, Rn. 8; Fischer, in: Tröndlel Fischer, Kommentar zum Strafgesetzbuch, 49. Auflage, § 180a, Rn. 4).

Die Strafbarkeit des Bestimmens der Umstände der Prostitutionsausübung in § 181 a Abs. 1 Nr.2 Strafgesetzbuch steht der Sozialversicherungspflicht ebenfalls nicht entgegen, da das Bestimmen ein einseitiges Vorgehen voraussetzt. Eine freiwillig getroffene Vereinbarung über Ort und Zeit der Prostitutionsausübung, also ein einvernehmlich begründetes rechtlich wirksames Beschäftigungsverhältnis, das Prostituierten eine jederzeitige Selbstbefreiung bzw. Loslösung aus dieser vertraglichen Beziehung ermöglicht, fällt nicht unter den Tatbestand des § 181 a Abs. 1 Nr.2 Strafgesetzbuch.

Daher genügt die Streichung des § 1 80a Abs. 1 Nr.2, um zu gewährleisten, dass ein Bordellbesitzer, der eine bei ihm beschäftigte Prostituierte zur Sozialversicherung anmeldet, sich nicht automatisch der Strafverfolgung aussetzt.

Auch die Regelung in Artikel 1 bringt unzweifelhaft zum Ausdruck, dass der Zugang zur Sozialversicherung nicht an der Frage der Sittenwidrigkeit scheitern darf - unabhängig davon, ob diese Frage als entscheidungsrelevant angesehen wird oder nicht (vgl. die Entscheidung des Bundessozialgerichts vom 10. August 2000, B 12 KR 21/98 R).

Für die Annahme eines sozialversicherungspflichtigen Beschäftigungsverhältnisses reicht es aus, dass faktisch eine abhängige Tätigkeit ausgeübt wird, die

- durch ein eingeschränktes Direktionsrecht des „Arbeitgebers" bei einem Höchstmaß an Eigenverantwortung der Prostituierten,

- einer gewissen Eingliederung in den Betrieb und

- die Freiwilligkeit der Tätigkeit

gekennzeichnet ist. Spezielle Regelungen im Sozialrecht sind daher nicht erforderlich.

Mit dem Zugang zu den Sozialversicherungssystemen wird neben dem individuellen Vorteil für die Prostituierten auch ein gesellschaftlicher Vorteil erzielt: Durch die Einzahlung in die Sozialversicherungssysteme finanzieren die abhängig beschäftigten Prostituierten ihre Existenzsicherung bei Krankheit, Arbeitslosigkeit oder im Alter mit, ohne - wie dies bisher nahezu ausnahmslos der Fall ist - in diesen Fällen auf staatliche Unterstützungsleistungen angewiesen zu sein.

Prostituierte sollen jederzeit die Möglichkeit haben aus ihrer Tätigkeit „auszusteigen", z.B. indem sie Umschulungsmaßnahmen in Anspruch nehmen können. Eine gesonderte Regelung im Sozialgesetzbuch ist hierzu nicht notwendig. Bereits das Urteil des Sozialgerichts Berlin vom 12. September 1991(5 66 Ar 923/90) zum Arbeitsförderungsgesetz bestätigt, dass Arbeitszeiten in der Prostitution berufliche Tätigkeiten im Sinne des Arbeitsförderungsgesetzes und daher bei Anträgen auf eine Förderung für Umschulungsmaßnahmen zu berücksichtigen sind.

Folgeänderungen im Gaststättengesetz, soweit dort auf „Unsittlichkeit~' abgestellt wird, sind nicht erforderlich: Artikel 1 des Gesetzentwurfs stellt klar, dass bei entgeltlichen sexuellen Handlungen nicht mehr automatisch von Unsittlichkeit ausgegangen werden kann (vgl. auch Urteil des VG Berlin vom 1 Dezember 2000).

B. Zu den einzelnen Vorschriften

Zu Artikel 1

Nach der bisherigen Rechtsprechung ist eine Vereinbarung, in der die geschuldete Leistung in der Ausübung sexueller Handlungen gegen Entgelt besteht, wegen Verstoßes gegen die guten Sitten nichtig. Unter Hinweis auf diese Begründung wurden durch die Rechtsprechung sowohl die Arbeitnehmereigenschaften als auch die Annahme eines faktischen Beschäftigungsverhältnisses der Prostituierten negiert.

Eine Klarstellung ist dahin gehend notwendig, Prostituierten, die freiwillig ihre Tätigkeit anbieten, rechtlichen Schutz zu gewähren. Ihre Tätigkeit wird vom Gesetzgeber nicht als gegen die guten Sitten verstoßend gewertet. § 138 Abs. 1 BUB ist insoweit nicht mehr anwendbar.

Das Rechtsverhältnis zwischen Prostituierten und Kunden ist als einseitig verpflichtender Vertrag geregelt: Die Kunden können aus diesem Vertrag Ansprüche auf sexuelle Leistungen gegenüber der Prostituierten herleiten. Die Bordellbetreiber haben nur eingeschränkte Ansprüche gegenüber der Prostituierten hinsichtlich der vereinbarten Arbeitszeit und dem vereinbarten Arbeitsort. Die Prostituierte behält auch gegenüber dem Bordellbetreiber ein Höchstmaß an Eigenverantwortung, insbesondere die freie Auswahl der Kunden und die Bestimmung, welche Art von sexuellen Dienstleistungen sie erbringt.

§ 1 regelt daher, dass es zur Erlangung eines vorher vereinbarten Entgelts nicht der tatsächlichen Erbringung der sexuellen Handlung bedarf, wenn die Vereinbarung darauf gerichtet ist, dass sich die Prostituierte für eine bestimmte Zeitdauer zur Verfügung stellt. Eine solche Vereinbarung liegt z. B. vor; wenn die Prostituierte mit einem Bordellbetreiber eine bestimmte „Arbeitszeit" vereinbart. Ausreichend ist die Tatsache, dass sich die Prostituierte im Rahmen der vereinbarten Zeitdauer zur Verfügung gestellt hat. Sofern sie gegen diese Vereinbarung verstößt, ist dies gemäß § 2 eine (teilweise) Nichterfüllung.

Die Forderung kann nach § 2 Satz 1 nicht abgetreten werden. Hierdurch wird verdeutlicht, dass es dem Gesetzgeber um die Besserstellung von Prostituierten, nicht aber Dritter, insbesondere von Zuhältern geht. Diesen soll kein Erpressungspotential in die Hand gegeben werden. Ausgeschlossen ist nach § 2 Satz 1 nur die Abtretung. Eine unmittelbare Entstehung der Forderung bei einer anderen Person als der Prostituierten, in der Regel einem Bordellbe-

treiber, durch einen direkten Vertragschluss zwischen Kunden und dem Bordellbetreiber, ist möglich. Dies betrifft die Konstellation, dass eine vorherige Vereinbarung zwischen Prostituierter und Bordellbesitzer über eine pauschal zu zahlende Summe („Gehalt") getroffen wurde und daher der Bordellbetreiber die Verträge mit den Kunden schließt. Dann erhält die Prostituierte ihr „Festgehalt" vom Bordellbetreiber und dieser das Geld von den Kunden. Das Abtretungsverbot steht in diesen Fällen einer unmittelbaren Zahlung der Kunden an den Bordellbesitzer nicht entgegen.

Gegen den Anspruch auf Zahlung des vereinbarten Entgelts kann der Kunde gegenüber der Prostituierten nur die vollständige Nichterfüllung der sexuellen Handlung einwenden. Weitere Einwendungen und Einreden können weder im Verhältnis zwischen Prostituierter und Kunde noch zwischen Prostituierter und Bordellbetreiber geltend gemacht werden.

Damit kann der Kunde sich z. B. nicht darauf berufen, die Leistung sei „nicht gut" gewesen. Des Weiteren soll insbesondere ausgeschlossen werden, dass Bordellbetreiber Prostituierte zunächst in Schulden verstricken und dann die Rückzahlungsforderung aus den Schulden gegen den Entgeltanspruch der Prostituierten aufrechnen können. Hiermit soll verhindert werden, dass Prostituierten der Ausstieg erschwert wird oder sie indirekt gezwungen werden können, ihre Schulden „abzuarbeiten".

Zu Artikel 2

Durch die Streichung des § 180a Abs. 1 Ziffer 2 StGB wird Prostituierten die Möglichkeit gewährt, rechtlich abgesichert und unter angemessenen Bedingungen freiwillig als abhängig Beschäftigte in Bordellen oder auch selbständig tätig zu sein.

Daran knüpft sich die Erwartung, dass schlechte Arbeitsbedingungen z. B. in Eros-Centern, beseitigt werden. Der Herstellung besserer Arbeitsbedingungen steht kein gesetzliches Verbot mehr entgegen.

Damit haben Bordellbetreiber nunmehr die Möglichkeit, die bei ihnen freiwillig und ohne Ausbeutung beschäftigten Prostituierten bei der Sozialversicherung anzumelden, ohne sich der Gefahr der Strafverfolgung wegen Förderung der Prostitution auszusetzen.

Die Ausbeutung oder unzumutbare Beeinflussung der Betroffenen bei der Ausübung der Prostitution bleibt weiterhin strafbar (§ 180a Abs. 1 Ziffer 1 und § 181a StGB). Ebenso bleibt der Schutz von Minderjährigen gewährleistet.

Die Änderung der Überschrift ist eine Folge der Streichung.

Zu Artikel 3

Die Vorschrift regelt das Inkrafttreten des Gesetzes.

www.ingramcontent.com/pod-product-compliance
Lightning Source LLC
Chambersburg PA
CBHW022319280326
41932CB00010B/1158